Die Geschichte
der Zunft zur Schiffleuten
1336–1986

Der Grendel

Die Geschichte der Zunft zur Schiffleuten 1336–1986

Verfasst von Sigmund Widmer

Herausgegeben von der Zunft zur Schiffleuten
Zürich

Kommissionsverlag © 1987 by Th. Gut & Co. Verlag,
8712 Stäfa
Grafische Gestaltung: Theo Böhler
Satz und Druck: Buchdruckerei Stäfa AG
ISBN-Nr. 3-85717-042-5

Inhalt

Die Gründung der Zunft	7
Die Handwerke der Zunft	25
Die Zunftmeister und Ratsherren 1336–1798	61
Strukturwandel	81
Die Zunft im 19. Jahrhundert	115
Die Zunft im 20. Jahrhundert	143
Die Zunftstuben der Schiffleute	175
Ausführliche Bildlegenden	186

Die Gründung der Zunft

Zürich zur Zeit der Gründung der Zünfte

Um 1300 gliederte sich die Bevölkerung der Stadt Zürich in sieben Gruppen. An der Spitze der Rangordnung stand die Äbtissin des Fraumünsters. Die zweite Stelle nahm das Chorherrenstift am Grossmünster ein. Darauf folgten die «Ritter». Es handelte sich dabei in der Regel um Ministerialen der Äbtissin oder des umliegenden alten Adels, z. B. der Kiburger. Im Dienste ihrer Herren hatten sie einen sozialen Aufstieg vollzogen. Sie betrachteten sich als tragendes Element der Stadt, zählten aber wohl selten über zwanzig wehrfähige Angehörige. Die bekanntesten Vertreter dieses niederen Adels waren die Mülner, Biber, Manesse, von Beckenhofen, Brun, Biberli, Bilgeri, von Hofstetten, von Lunkhoft, von Hottingen, von Kloten, Truchsess und Wyss. An vierter Stelle standen die reichen ratsfähigen Bürger. Ihre Zahl ist schwer abzuschätzen, sie war aber nach 1300 sicher grösser als jene der Ritter und hat vielleicht ein halbes Hundert erreicht.

Diese Familien waren mit Handwerk und Handel reich geworden, jedoch in der Regel später als die Ritter. Fünfte in der Rangfolge waren die Bürger, die zwar ein Haus besassen, aber nicht zu den ratsfähigen Familien zählten. Diese Gruppe dürfte einige Hundert betragen haben. Sie stellt eine Art Durchgangsstufe von der grossen Masse der unfreien Bevölkerung zur regierenden Schicht dar. An sechster Stelle folgte das Gros der städtischen Bevölkerung: die Handwerker, die kleinen Kaufleute, die niederen Beamten, die Schreiber, die Hörigen der Klöster, die Klienten der Ritter und der ratsfähigen Reichen, die Mönche, Nonnen, Brüder und Schwestern der religiösen Gemeinschaften. Insgesamt dürfte ihre Zahl 1336 bei einer Gesamtbevölkerung von ungefähr 8500 Seelen wohl gegen 7000 betragen haben. Schliesslich ist an die Ausburger und an die Fremden zu denken.

Wer also regierte Zürich vor 1336? Formell stand die Kirche an der Spitze der Rangordnung. Dabei wäre auch noch die Rolle des Bischofs von Konstanz und des Abtes von Einsiedeln zu beachten. Die dauernde Rivalität zwischen Fraumünster und Grossmünster sowie die Ausbreitung der Bettelorden und der vielen Glaubensgemeinschaften im 13. Jahrhundert, die sich gegenseitig befehdeten, schmälerten jedoch den Einfluss des Klerus. Faktisch lag die Macht bei einer kleinen Anzahl von Familien, welche sich in die Zahl der Ratssitze teilte. In den letzten Jahren vor dem Brunschen Umsturz hatten die Bilgeri die meisten Ratssitze inne.

Bekanntlich wurde der Umsturz von 1336, welcher Rudolf Brun den Weg zu einer Stadtdiktatur und den Handwerkern jenen zur staatsrechtlichen Anerkennung öffnete, durch die Spannung zwischen den Rittern und den neureichen Kaufleuten ausgelöst. Brun und seine engeren Freunde hatten den Eindruck, bei längerem Zuwarten würden sie völlig aus ihren angestammten Positionen vertrieben. Sie verbündeten sich deshalb mit jenem Bevölkerungsteil, der mit den bestehenden Zuständen ebenfalls unzufrieden war, den Handwerkern. Nach dem Vorbild von Strassburg und anderen Städten bot man den Handwerkern als Lohn für die Mithilfe Bürgerrecht und Zunftordnung an.

Zunftrecht als politische Forderung

Der Wunsch der Handwerker, sich in Zünften zu organisieren, reicht weit ins 13. Jahrhundert zurück. Das ergibt sich aus dem Richtebrief von 1281. Schon damals musste die herrschende Schicht zu einem Verbot der Zünfte Zuflucht nehmen.

Bei der Entstehung von Zünften handelte es sich um einen im Spätmittelalter verbreiteten Vorgang. War das christliche Hochmittelalter noch stark vom Blick auf das

Jenseits geprägt gewesen, so regte sich im Spätmittelalter immer deutlicher das Interesse an den Dingen dieser Welt. Handel, Handwerk und Verkehr nahmen sichtbaren Aufschwung. Die materiellen Aspekte des Lebens begannen die Menschen immer stärker zu bewegen. Dieser Wandel von der spirituellen zur materiellen Gestaltung des Alltags lässt es verständlich erscheinen, dass sich aus religiösen Bruderschaften schrittweise handfeste Berufsorganisationen entwickelten. Die religiösen Bruderschaften müssen in Verwandtschaft zu den im 13. Jahrhundert entstandenen Schwesternhäusern gesehen werden. Die Bruderschaften wandten sich wohl primär an die Jugend, fassten naturgemäss Leute des gleichen Berufes zusammen und pflegten ihre Gemeinsamkeit in der Regel durch Verehrung der gleichen Heiligen. Solche Bruderschaften trafen sich regelmässig zu frommen Verrichtungen, sie stifteten Kerzen, Fahnen, Bilder oder andere kleinere Kostbarkeiten.[1]

Für unsere Betrachtung wesentlich ist, dass die 1336 geschaffene Neuordnung unter den 13 neu gegründeten Zünften an elfter Stelle die Schiffleute aufführt. In ihr waren die Fischer, Schiffleute, Seiler, Karrer und Träger zusammengefasst. Die bescheidene Position auf der Rats-

---

[1] Zu den religiösen Wurzeln der Zünfte vgl. auch: François de Capitani, Adel, Bürger und Zünfte im Bern des 15. Jahrhunderts. Bern 1982, S. 56. De Capitani vermerkt, dass in Bern erst 1370 das Über-die-Gräber-Gehen, das heisst die Totenehrung durch die Zunft (in Bern: Gesellschaft), verboten wurde.

liste muss wohl so verstanden werden, dass die hier vereinigten Berufsgruppen auf den untersten Stufen der damaligen Zürcher Sozialstruktur eingebunden waren. Die genaue Plazierung der Zunft ist freilich noch zu präzisieren. In den ersten Jahren pendelten die Schiffleute zwischen dem 7. und 11. Platz hin und her. Mit der Zeit bürgerte sich am Schluss der Ratslisten folgende Reihenfolge ein: Schneidern, Schiffleute, Kämbel, Wollenweber, Leinenweber. 1441 wurden die beiden letzten und schwächsten Zünfte, die Wollenweber und die Leinenweber, in der Zunft zur Waag vereinigt. Von da an lautete die Reihenfolge am Schluss der Zunftmeisterliste: 10. Schiffleute, 11. Kämbel, 12. Waag. Dabei blieb es bis 1798.

Von der religiösen Bruderschaft zur Zunft

Die liberale Geschichtsschreibung – von der marxistischen ganz zu schweigen – hat naturgemäss den religiösen Quellen des Zunftwesens wenig Interesse entgegengebracht. Um so auffallender ist, dass in der neueren Literatur, welche sich mit den Handwerkerinnungen und den Zünften beschäftigt, dieser Aspekt Beachtung findet.[2]

---

[2] Zum Beispiel: Frank Göttmann, Handwerk und Bündnispolitik. Die Handwerkerbünde am Mittelrhein vom 14. bis zum 17. Jahrhundert. Wiesbaden 1977.

Noch um 1500 war dem Zürcher der enge Zusammenhang zwischen religiöser Bruderschaft und Zunfthandwerk geläufig. Ein Zürcher Altarbild (um 1510) zeigt zum Beispiel die Heiligen der Schuhmacher, Crispinus und Crispinianus, beim Verteilen von Schuhen an die Armen. Leider ist bis heute kein ähnliches Bild, die Schiffleutezunft betreffend, auf uns gekommen. Hingegen besteht doch einige Klarheit darüber, welchen Heiligen die in unserer Zunft vereinigten Berufsgruppen verpflichtet waren. Freilich hatte der heute kaum mehr vorstellbare Reichtum an Heiligenlegenden und verschiedensten Verehrungsgebräuchen zur Folge, dass die gleiche Berufsgruppe oft mehrere Heilige als die ihrigen betrachtete. Dabei gab es aber regionale Präferenzen. Beschränkt man sich auf den süddeutschen Raum, so darf man für Zürich die folgenden Zuweisungen annehmen:

Die Fährleute und sicher auch die Träger verehrten den heiligen Christophorus (25. Juli) und den in unserer Gegend sehr verbreiteten heiligen Nikolaus (von Bari), dessen Tag, der 6. Dezember, namentlich den Kindern auch heute noch geläufig ist. Die Fischer betrachteten neben Petrus vor allem den Jünger und Apostel Andreas als ihren Heiligen, die Fischhändler neben Andreas auch Magnus, Graf von Okaden (16. April). Die Schiffleute hatten die heilige Anna (26. Juli), die Trägerin des Schiffs der Kirche, zur Schutzpatronin erkoren. Daneben spielten aber

14

auch Christophorus, Nikolaus von Bari und schliesslich Petrus eine wichtige Rolle. Allerdings wurde Petrus, der Schlüsselträger, sowohl von den Schlossern wie auch von den Netzmachern beansprucht. Die Seiler verehrten den Apostel Paulus.[3]

---

[3] Dietrich Heinrich Keiler, Die Patronate der Heiligen. Ulm 1905.

Das älteste Dokument, die Schiffleutezunft betreffend

Mitten im Umsturz, der den Zünften die formelle Anerkennung bringen sollte, am 3. Juli 1336, starb Götz Mülner, den man wohl zu Recht als Haupt der Verschwörung betrachtet. Sein unerwarteter Tod machte den Weg frei für Rudolf Brun. Am 16. Juli 1336 beschwor die Zürcher Bevölkerung im Hof des Barfüsserklosters die neue Verfassung, welche Brun die faktische Alleinherrschaft, den Zünften eine entscheidende Besserstellung brachte. In den Tagen darnach versuchte man in aller Eile neue Handwerksordnungen für die Zünfte zu schaffen.

Zutreffend ist wohl die Erkenntnis, wonach Brun und seine Partner aus den Handwerkerkreisen die Zunftordnung von Strassburg als Vorbild verwendeten. Viel weniger wissen wir über das Ausmitteln der Kräfteverhältnisse innerhalb der damals rasch gebildeten 13 Zünfte. Nun will es aber ein Zufall, dass sich im Zürcher Stadtarchiv drei Entwürfe einer inneren Organisation von Zünften erhalten haben, nämlich für die Krämer (Saffran), die Schuhmacher und die Schiffleute. Alle drei Entwürfe sind in die Tage zwischen dem 16. und dem 31. August 1336 zu datieren. Der Entwurf für die Saffran und der für die Schiffleute stammen offensichtlich vom gleichen Schreiber; sie sind mit der gleichen Feder und der gleichen Tinte zu Pergament gebracht. Dabei wurde recht unbefangen am Text gestrichen und ergänzt; Zusätze schrieb man auf die Rückseite. Das Schriftstück der Schuhmacher könnte vom gleichen Schreiber verfasst sein, ist aber offensichtlich mit anderer Feder und Tinte und sorgfältiger geschrieben.

Das für die Schiffleute so interessante Pergament[4] beginnt mit den lapidaren Worten: «In Gotz namen amen. So sint die vischer Zürichs von dem oberen wasser ein zunft...» Weiter heisst es, dass diese Zürichseefischer «ein Zunft haben sollen mit den vischern in dem unteren wasser, mit den schifflüten, den seilern und den karrern.» Bemerkenswert an dieser Aufzählung ist zunächst die Sonderstellung der Zürichseefischer. Sie erscheinen hier als eine Gruppe, die schon als Zunft organisiert war und nun mit anderen Berufsgruppen verbunden werden sollte. Das Kräfteverhältnis unter den verschiedenen, in der 11. Zunft zusammengefassten Berufsgruppen geht schon aus dem ersten Abschnitt des Dokumentes hervor. Er lautet:

[4] Stadtarchiv Zürich, A 778.

das man einen zunftmeister von aller zúnfte gemeinlich kiesen sol alsust und VI erber bescheiden manne, zwene von den vischern us dem obern wasser, aber zwene von den vischern us dem nidern wasser und zwene von den schiflúten...

Es sollen also ein Zunftmeister und sechs ehrbare Männer gewählt werden. Diese Zunftvorsteher sollen sich wie folgt zusammensetzen: zwei von den Fischern im Oberen Wasser, zwei von den Fischern im Unteren Wasser und zwei von den Schiffleuten. Die übrigen Partner gehen leer aus. Die Fischer stellen somit zwei Drittel der Vorsteherschaft. Bedenkt man, dass sich auch die Schiffleute in zwei Gruppen gliederten und die Träger bei der zitierten Aufzählung noch fehlen, so ergibt sich, dass die Schiffleutezunft in Wirklichkeit eine Verbindung von sieben verschiedenen Berufsgruppen war: Oberwasserfischer, Unterwasserfischer, Oberwasserschiffleute, Unterwasserschiffleute, Seiler, Karrer und Träger. Ganz eindeutig ist, dass die Fischer, insbesondere die Fischer auf dem See, ursprünglich die stärkste Stellung hatten. Im Lauf der Zeit haben die Fischer an Bedeutung verloren, die Schiffleute gewonnen.

Schiffleute- oder Fischerzunft?

Im vollen Gegensatz zur starken Stellung der Fischer hiess die 11. Zunft offenbar schon bald Schiffleutezunft.

Natürlich wäre gewesen, dass die Zunft wie in den meisten anderen vergleichbaren Städten «Fischerzunft» geheissen hätte. Wie war dies möglich? Eine Erklärung könnte in folgendem bestehen: Unbestritten ist, dass als erster Zunftmeister der 11. Zunft, der mit seinen Kollegen des Baptistalrates am 31. August 1336 (an sant Verenen abende) eingeschworen wurde, Uolrich von Beichi figuriert. Ulrich Bächi war, wie weiter unten dargelegt wird, bestimmt ein Schiffsmann. Es war deshalb naheliegend, die Zunft, welche er vertrat, als Schiffleutezunft zu benennen. Dennoch bleibt die Frage, wie es möglich war, dass ein Vertreter der Minderheit sich gegen die Mehrheit der Fischer in der gemeinsamen Vorsteherschaft durchsetzen konnte. Eine mögliche Antwort auf diese Frage findet sich in einer weiteren Passage des erwähnten undatierten Entwurfes. Es wird dort nämlich festgelegt, dass im Falle von Uneinigkeit in bezug auf die Wahl eines Zunftmeisters Bürgermeister Brun die Kompetenz habe, den Zunftmeister zu bezeichnen. Wörtlich heisst es:

Were aber, das die danne stössig wurden und nicht möchten überein komen, so sol man den stoz und die missehellung bringen an den burgermeister Zürich, und sol in der danne einen zunftmeister geben us ir zünfte, der in bi sinen eren und eide der komelichest dunket, ane alle geverde.

Die Vermutung ist deshalb naheliegend, die Zunft sei bei der Wahl des ersten Zunftmeisters nicht einig geworden und Brun habe, gestützt auf die ausgehandelten allgemeinen Bedingungen, einen seiner persönlichen Parteigänger an die Spitze der Zunft gesetzt. So liesse sich erklären, wieso die Zunft, die eigentlich eine Fischerzunft war, von Anfang an als Schiffleutezunft im Rat figurierte. Der hübsche Ausdruck, Brun habe jenen Mann zum Zunftmeister zu ernennen, der ihn «bi sinen eren und eide der komelichst dunket», darf nicht darüber hinwegtäuschen, dass es dabei um harte Politik ging.[5] Bruns Diktatur ruhte bekanntlich auf dem labilen Gleichgewicht von 13 (später 12) Zunftmeistern, die 13 (später 12) Vertretern der Ritter und Burger gegenüberstanden. Durch die Bestimmung, bei Streitigkeiten in den Zünften einzelne Zunftmeister selber ernennen zu können, verstärkte er seine politische Basis.

Wir müssen uns also von der vertrauten Vorstellung trennen, die Schiffleutezunft sei ein in sich geschlossener Berufsverband gewesen. Vielmehr zerfiel sie in sieben verschiedene «Gesellschaften» oder «Handwerke». Noch im 15. Jahrhundert besassen die Fischer und die Schiffleute

---

[5] In der heutigen Zeit, da es üblich ist, alte Formulierungen wieder aufleben zu lassen, wäre es denkbar, dass an den jeweiligen Hauptbotten, welche einen neuen Zunftmeister zu wählen haben, die Redewendung, es sei jener Zünfter zu wählen, der den Mitzünftern «bi eren und eide der komelichst dunket», wieder gebraucht wird.

verschiedene Trinkstuben. Die Fischer versammelten sich im «Salmen», die Schiffleute im «Goldenen Engel». Die wachsende Bedeutung der Schiffleute innerhalb der Zunft spiegelt sich auch in der Tatsache, dass die Fischer ihr eigenes Zunftlokal aufgaben und sich mit dem Haus der Schiffleute als dem gemeinsamen Zunfthaus an der Schiffländte abfanden.

Gewerbeordnung

Die internen Probleme, wie sie aus dem ältesten Schriftstück vom August 1336 hervorgehen, begleiten das Zunftleben noch durch Jahrhunderte. Gewerbepolitisch sassen die Fischer am kürzeren Hebelarm. Es lag nahe, dass ein Schiffsmann, wenn er gemütlich auf dem See oder auf der Limmat trieb, die Zeit dazu nutzte, ein wenig zu fischen. Dagegen war schwer anzukämpfen. Dazu kam, dass das einfache Fischen keine besondere Ausrüstung oder Kenntnisse voraussetzte. Die Fischer mussten sich also auch gegen die «Hobbyfischer» zur Wehr setzen. Beinahe 100 Jahre nach der Zunftgründung, im Jahre 1431, bestimmte die Zunftordnung, dass die Fischverkäufer, die nicht nur mit selbst gefangenen, sondern auch mit angekauften Fischen handelten, nicht zugleich Schiffleute sein durften. Das «Zürcher Bürgerbuch», die Sammlung der obrigkeitlichen Erlasse, enthält denn auch immer wieder

Bestimmungen, mit denen sich die Berufsfischer ihre Existenz zu sichern versuchten. So durften die Nichtzünfter lediglich ausserhalb der Fischenzen, in der «Allmend», und nur mit vorgeschriebenem Gerät fischen. Vor allem aber durften sie ihren Ertrag nicht verkaufen, sondern die Fische nur zur Bereicherung ihres «Mählis» verwenden.

Ein besonderes Kapitel in der Zürcher Fischereiwirtschaft spielte die Frage des Exportes. Die Behörden befürchteten offenbar ein Überfischen der Bestände und verboten deshalb den Verkauf nach auswärts. Es betraf dies vor allem den Verkauf von Fischen nach Baden. In der Auseinandersetzung mit den Schiffleuten, die sich im Sinne ihres Berufes auf den Gewässern frei bewegen konnten, waren die Fischer immer wieder im Nachteil. So ist es begreiflich, dass wiederholt Fischer zu den Schiffleuten übertraten. In der Folge entledigten sich die Schiffleute 1452 ihrer Minderheitsstellung und erlangten den gleichen Anteil wie die Fischer an der Vorsteherschaft. Als nach der Reformation die wirtschaftliche Bedeutung des Fischfanges immer mehr zurückging, nahm das Gewicht der Schiffleute entsprechend zu. So wurde aus der ursprünglichen Fischerzunft mit der Zeit eine Zunft von Schiffleuten.

Die Handwerke der Zunft

Fischerei und Schiffahrt auf dem See

Wie das älteste Dokument, das sich auf die Schiffleutezunft bezog, deutlich zeigt, gliederte sich die Zunft in sieben verschiedene Gruppen. Dies haben wir nun näher zu betrachten. Dabei sollen zuerst die Verhältnisse auf dem See, dann auf der Limmat untersucht werden.

Wie erwähnt, hatten die Fischer vor 1336 die am besten ausgebaute Organisation. Man darf annehmen, dass die *Oberwasserfischer* ursprünglich nur das unterste Seebecken als ihr Tätigkeitsgebiet betrachteten. Mit dem Anwachsen der städtischen Bevölkerung und dem entsprechend grösseren Bedarf, namentlich der kirchlichen Institutionen, fuhren die städtischen Fischer auch weiter in den See hinaus. Im Gleichschritt mit dem wachsenden politischen Einfluss der Stadt regte sich im 14. Jahrhundert die Frage, ob man wie bis anhin die Fischerei den kleinen Dörfern an den noch dünnbesiedelten Ufern des Sees überlassen dürfe. Die Fischerei auf dem Zürichsee wurde damit wie die

Schiffahrt zu einem Politikum. Das Thema war während Jahrhunderten Gegenstand von Auseinandersetzungen mit den Orten Schwyz und Glarus.

Die erst 26 Jahre alte Zunft erhielt 1362 eine überaus erfreuliche Nachricht. Am 31. März dieses Jahres übertrug Kaiser Karl IV. der Stadt Zürich das Verfügungsrecht über den Zürichsee. Das hatte zwei Gründe: Karl IV. befand sich damals in einem gespannten Verhältnis zu den Herzögen von Österreich, die von ihren Stammländern Unterstützung erwarteten. Um diese immer noch bestehende Bindung Zürichs an die Habsburger zu lockern, überhäufte Karl IV. Städte wie Zürich mit Privilegien. Zudem handelte es sich bei dieser Urkunde im wesentlichen um die formelle Bestätigung schon lange überlieferter Verhältnisse. Dies geht aus dem letzten Satz des folgenden Zitats eindeutig hervor: «Wir Karl... tun kunt..., daz wir den see zuo Zürich den man nennet Züricher see der uns und dem heiligen Reich zugehöret, als er von Zürich uff reichet untz ze den Hurden mit allen rechten und nutzen die dorzuo gehören, empfelhen haben und empfelhen mit diesem briefe unsern und des Reichs lieben getrewen den bürgern gemeinlich der Stat zu Zürich und allen nachkomen daz si denselben see und ouch die fisch darinnen mugen bannen, besetzen und entsetzen und mit allen sachen besorgen sulten als si und ir vordern biz her gewonlich getan haben...» Wenn dabei von den «Hurden» die Rede ist, so ist damit möglicherweise nicht die heutige Ortschaft Hurden gemeint, sondern eine Fischereieinrichtung aus Pfählen (Hurden). Zürich berief sich in späteren Streitigkeiten mit Schwyz zudem auf eine noch viel ältere Schenkung durch Kaiser Otto den Grossen aus dem Jahre 934. Zum selben Zeitpunkt erhielt vermutlich das Kloster Einsiedeln die Rechte über die als «Frauenwinkel» bezeichnete Bucht bei der Ufenau. Um die Schifffahrts- und Fischereirechte der Schwyzer am Zürichsee entspann sich ein seit dem 15. Jahrhundert immer wieder aufflammender Streit zwischen Schwyz und Zürich. Es war dies Bestandteil des jahrhundertelangen Gegensatzes zwischen den beiden benachbarten Orten der Alten Eidgenossenschaft. Unbestritten blieben dabei die Ansprüche des Klosters Einsiedeln im Frauenwinkel sowie die Tatsache, dass Zürich die Gerichtsbarkeit auf dem ganzen Zürichsee besass.

Komplexer waren die Verhältnisse auf dem oberen Zürichsee. Hier folgten sich im Lauf der Zeit die Herren von Rapperswil, die Grafen von Toggenburg und die Schwyzer. Die Schiffahrt auf der Linth wurde durch Schwyz und Glarus geregelt, wobei Glarus häufig die Zürcher Interessen vertrat. Die Aufsicht über den Obersee wurde drei Seevögten aus Lachen, Rapperswil und Schmerikon übertragen. Für den unteren Teil des Zürichsees wurden jeweils zwei Seevögte, Mitglieder des Kleinen Rates, bestimmt.

Zürich betrachtete den Zürichsee als eine Reichsstrasse. Dabei muss man sich immer wieder daran erinnern, dass der Verkehr auf dem Wasser bis ins 19. Jahrhundert hinein, verglichen mit dem Verkehr auf den Strassen, wesentliche Vorteile bot. Den See bezeichnete man als «allergängist Landstrass in Italiam». Endgültig zusammengebrochen ist der Berufsverkehr auf dem Wasser erst mit dem Bau der Eisenbahnen in der zweiten Hälfte des 19. Jahrhunderts. Der regelmässige Längsverkehr auf dem See bildete deshalb während vieler Jahrhunderte die Grundlage für die *Oberwasserschiffleute.* Den Seeanwohnern blieb der Querverkehr über den See weitgehend überlassen. Es ist denkbar, dass das Privileg Karls des IV. aus dem Jahr 1362 im Zusammenhang mit einem Ereignis gesehen werden muss, das die Zürcher sehr verärgerte: 1358–1360 war die Brücke von Rapperswil nach Hurden erbaut worden. Als offizielles Motiv für den Brückenbau galt Herzog Rudolfs Fürsorge «von armen bilgrin wegen». Neben der Erleichterung der Pilgerfahrt nach Einsiedeln verschaffte sich Habsburg damit aber noch andere Vorteile: Man unterbrach die Längsschiffahrt und schädigte zudem die Fährrechte von Rapperswil, die sich zum Teil im Besitz von Zürchern befanden. Die Rapperswiler Brücke blieb – wie Rapperswil überhaupt – den Zürchern ein Dorn im Auge. Schliesslich brannten die Zürcher und Glarner 1415 die Brücke gemeinsam ab. Natürlich hatte dies einen langen Streit zur Folge. Auch auf dem unteren Zürichsee gab es Querverkehr. Am stärksten benutzt wurde die Fähre von Meilen auf die Au, die 1524 erstmals erwähnt wird.

Von besonderer Bedeutung für die Schiffleutezunft waren die Marktschiffe im Zürcher Herrschaftsgebiet. Erstmals genannt werden sie 1419. Mit der Zeit fuhren von allen grösseren Ortschaften am See zu den Markttagen Schiffe nach Zürich und am anderen Tag wieder zurück. In Stäfa zum Beispiel reiste man abends um 11 Uhr ab, um am anderen Morgen rechtzeitig in Zürich zu sein. Auf einen grossen Nauen traf es meist vier Meisterleute. Wenn der Wind günstig war, nutzte man die Segel. Regte sich kein Wind, ruderte man. Die Fahrt dauerte meist die ganze Nacht. Die Schiffleute mussten deshalb Stroh und Decken zur Verfügung halten, damit die Fahrgäste schlafen konnten. Für Regenwetter war ein Gestell mit harzgetränkten Tüchern als Schutz vorgesehen. Besondere Bedeutung kam der Anlegestelle von Kempraten zu. Denn dort schifften sich die Leute aus dem Zürcher Oberland ein. Noch wichtiger war auf dem linken Ufer die Sust von Horgen. Personen und Waren, die von Zürich in Richtung Innerschweiz wollten, fuhren in der Regel zu Schiff nach Horgen und gelangten von dort auf dem Landweg nach Zug. Dort verlud man sie erneut auf Schiffe und erreichte dann durch die Hohle Gasse, von Immensee nach Küssnacht, den Vierwaldstättersee. Von Küssnacht bis Flüelen nutzte man wieder den Wasserweg. Wer beritten Richtung Uri zog, der kürzte etwas ab: Man ritt von Zug den Zugersee entlang nach Brunnen, wo man die Pferde aufs Schiff verfrachtete. Als Mailand 1603 die Bündner Pässe sperrte, verlagerte sich der Zürcher Italien-Verkehr vorübergehend auf die Gotthardroute, was in Horgen erhebliche organisatorische Probleme schuf. Für die Oberwasserschiffleute blieb jedoch entscheidend, dass Zürichs traditionelle Route nach Italien über das Bünderland, d.h. über die lange Wasserstrasse bis nach Chur, führte. Das hatte verschiedene Gründe: Zunächst entsprach dies alter Überlieferung – die Bündner Pässe waren während des Winters in der Regel weniger tief verschneit als der Gotthard und deshalb leichter das ganze Jahr über offenzuhalten. Vor allem aber war Venedig die am häufigsten aufgesuchte Partnerstadt Zürichs in Italien. Dorthin waren die Bündner Pässe die kürzeste Verbindung.

Eine besondere Aufgabe der Oberwasserschiffleute war schliesslich der Pilgertransport nach Einsiedeln. Im Herbst zur Engelsweihe sind jährlich bis zu 100 000 Pilger nach Einsiedeln gezogen. Die Beziehungen zwischen Einsiedeln und Zürich waren seit jeher gut. Zum Teil lag das am gespannten Verhältnis Einsiedelns zu den Schwyzern. In dieser gemeinsamen Abneigung fühlte man sich verbunden. Einsiedeln war seit dem 13. Jahrhundert mit Zürich verburgrechtet. Dieses enge vertragliche Verhältnis lebt

Das Bilgeri Schiff.

Nach einem sehr alten Gemähld, so an einem Haus an der oberen Schiffländi in Zürich angemahlt ist.

bis heute in der Gewohnheit fort, den jeweiligen Abt von Einsiedeln zum (einzigen) Ehrenbürger von Zürich zu ernennen. Nicht einmal die Reformation vermochte die Einsiedler Pilgerzüge von Zürich abzuhalten. Immerhin galten besondere Vorschriften. So durften die Pilger mit frommen Gesängen erst wieder einsetzen, wenn die Schiffe die Klausstud vor dem heutigen Zürichhorn passiert hatten.

Die Schiffleute des Oberwassers bildeten innerhalb der Zunft eine eigene Gruppe. Diese wurde gelegentlich, nach ihrem Zunfthaus zum Anker, als «Zunft zum Anker» bezeichnet. Es ist klar, dass die Anker-Zunft unentwegt bestrebt war, möglichst viele Rechte für ihre Leute schriftlich zu fixieren. Ursprünglich war es so, dass die Marktschiffe von Meistern aus den entsprechenden Orten gekauft und betrieben wurden. Mit der Zeit aber dehnten sich die Ansprüche der städtischen zünftigen Schiffleute aus. Möglicherweise spiegelt sich in den immer ausschliesslicheren Bestimmungen zugunsten der Städter auch der langsame Rückgang der Schiffahrt.

Was nun die Zahl der Oberwasserschiffleute betraf, so nennt ein Verzeichnis von 1498 21 Schiffleute mit eigenem Schiff und 13 ohne Schiff. Man fuhr «im Kehr», das heisst, man löste sich in zwei Gruppen ab. Die Beanspruchung war sicher sehr ungleich. Am stärksten war sie zur Zeit der Pilgerfahrt nach Einsiedeln, d.h. im September.

Oblectat, decorat, terret, ferit atque tuetur. Es besieret und ergetzt: Lehrt, beschirmet und verletzt.

1. Der Zürich-See, Neptuni Zierd und Ehre, 2. In Friedes Zeit mit Stands Ehr Zufahren, 3. Im Gott obgleit mit Wind und Ruder-Flüglen
 Dem kein See sich gleichen magt und Lehre, In Kriegsgefahr diß Kleinodt zu bewahren, Es Drachen-gleich schaumt har auff wasser-hu-
 Mit Schiffen, fischen, flößen Züschützen und zu trützen, Mit Rauch Blitz Donder stürmen, gellen.
 Und aller Kurtzweit Ist diß Netun-Gebauw Zu Frewden und Gewalt
 Thut Statt und Land ergetzen Gemacht zu gmeinem Nutzen Kan streiten und beschirmen,
 Zu Lust und Köstbarkeit. Aus Kluger sorg und Trewen. Um Fried uns GOTT erhalt:

 Beselllschafft der Constafflern Im Zeüg-Hauß zu Zürich, Anno 1694. Johannes Meyerus ad vivum delin: et sculpsit

Im Anschluss an die Niederlage Zürichs gegen die katholischen Orte von 1531 musste die Stadt eine definitive Regelung mit Schwyz eingehen. 1532 kam es zu einem Vertrag, der im Grundsatz bis ans Ende der Alten Eidgenossenschaft galt: Zürich, Glarus und Schwyz ernannten je einen Schiffmeister. Die Schiffmeistergesellschaft verfügte über etwa 15 Schiffe, die im Kehr fuhren und wöchentlich etwa 100 Tonnen transportierten. Der Gewinn wurde auf die drei Schiffmeister verteilt. Davon nicht erfasst war der Pilgertransport. Hier bestanden weniger strenge Vorschriften. An dieser kurzfristig auftauchenden Arbeit konnten sich auch Schiffleute aus den Dörfern am See beteiligen. Anlass zu Klagen gab immer wieder das Werben um Fahrgäste. Nach Vorschrift sollten die Schiffleute im Schiff stehen und geduldig auf Fahrgäste warten. In Wirklichkeit bemühte man sich aber schon an den Stadttoren oder in den Wirtschaften um Fahrgäste, was häufig als Belästigung empfunden wurde.

Fischerei und Schiffahrt auf der Limmat

Weniger komplex waren die Verhältnisse bei den *Niederwasserfischern*. Die Limmat befand sich im unbestrittenen Einflussbereich der Stadt. Die Behörden betrachteten die Fischerei als Regal. In der Limmat waren sogenannte Fischenzen eingerichtet. Diese wurden vom Kleinen Rat gegen Gebühr an Fischer verpachtet. Wer kein Zunftrecht als Fischer besass, hatte auch kein Anrecht auf die Benutzung der Fischenzen. Auch auf der Limmat bestand der Konflikt mit den Schiffleuten, genauer mit den Niederwasserschiffleuten.

Die *Niederwasserschiffleute* bildeten auch wieder eine eigene Gruppe. Ihre Zahl war ursprünglich auf 18, seit 1461 auf 16 festgesetzt. Sie führten die Fahrten im Turnus aus. Ihre Einnahmen lieferten sie in eine gemeinsame Kasse ab. Das Geld wurde auf die 18, später 16 Schiffmeister verteilt. Die Zahl der Niederwasserschiffleute ging jedoch weiter zurück. 1509 waren es noch 8, 1549 noch 6. Man

fuhr in der Regel ohne Halt bis Baden. Ursprünglich reiste man mit Schiffen aus Zürich nicht selten bis Köln. Später endete die Reise meist in Basel. Die Schiffe wurden in Basel verkauft. Nur in den seltensten Fällen erfolgte eine Heimkehr mit Stacheln. Die Limmatschiffe sollen bis zu 3 Meter breit und 30 Meter lang gewesen sein. Die Tragfähigkeit soll bis zu 50 Tonnen betragen haben. Die Niederwasserschiffahrt war anspruchsvoller als die Schiffahrt auf dem See. Die Verantwortung der Schiffmänner war gross. Sie hatten deshalb zu schwören, bei einem Unglücksfall bis an den Tod beim Ruder zu bleiben.

Die Hirsebreifahrten

Als Symbol für die Leistungsfähigkeit der Niederwasserschiffleute galt die Fahrt nach Strassburg vom Jahr 1576.[6] In jenem Sommer fand in Strassburg ein grosses Freischiessen statt. Das Fest – gleichsam eine kleine Olympiade – dauerte fünf Wochen, Delegationen aus 70 Städten beteiligten sich an den Wettkämpfen in verschiedenen Disziplinen. Natürlich fuhren auch viele Zuschauer nach Strassburg, darunter eine illustre Gesellschaft von 54 Zürchern, zu welcher auch einige Ratsherren gehörten. Ihre Ankunft in Strassburg am Abend des 20. Juni – zwei Gruppen aus Zürich waren schon früher eingetroffen – erregte grosses Aufsehen, hatte sie doch die weite Reise von Zürich her in nur zwanzig Stunden zurückgelegt und brachte sie, als originelles Präsent an die Strassburger, einen grossen Topf voll Hirsebrei mit, der in Zürich zubereitet worden war und in Strassburg noch warm gegessen werden konnte.

Die Fahrt war indessen kein rein sportliches Vergnügen. Man muss sie auch vor dem Hintergrund der Burgunderkriege sehen. Strassburg stand auf der Seite der Eidgenos-

---

[6] Wir folgen hier der Darstellung von Andres Wysling, «Das glückhafte Schiff von Zürich». Zürichsee-Zeitung, 12.8.1986. Die wichtigsten Darstellungen zu den Hirsebreifahrten von 1456 und 1576 sind der Ausstellungskatalog «Die Hirsebreifahrt der Zürcher nach Strassburg 1576», von Werner G. Zimmermann, 1976, und die Studie «Das glückhafte Schiff von Zürich» von Jakob Bächtold, in den Mitteilungen der Antiquarischen Gesellschaft in Zürich, Band XX, 1880.

sen und fürchtete sich vor einem Angriff Karls des Kühnen. Da wollten die Zürcher beweisen, dass sie jederzeit rasche Hilfe leisten konnten. So ist es auch zu erklären, dass viele namhafte Herren der Stadt mitreisten, darunter Bürgermeister Thomann. Gefahren wurden sie natürlich von den Schiffleuten. Vier Waser waren dabei und ein Wyssling.

Die Reise des «glückhaften Schiffes» von Zürich nach Strassburg fand einen grossen Nachhall. Sie wurde von den Zeitgenossen aufgeschrieben, von Dichtern in lateinischen und deutschen Versen besungen, von Malern in Zeichnungen und Drucken dargestellt, aber auch von Spöttern in Schmähliedern verulkt. Über vier Jahrhunderte blieb die Erinnerung an die Hirsebreifahrt von 1576 lebendig, heute gehört die spektakuläre Episode zum festen Bestand der Zürcher Lokalgeschichte.

«Am morgen zwüschen ein und zweien ist das schiff, darin der warm hirs in einem 120 lib. hafen in ein ständlin gestellt, darmit er dester wermer blibe, auch sich iemands an gemeltem hafen brannte, angefaren von dem helmhus; sind darin zuo beiden siten 18 zügruoder gsin, an iedem ort nüne, und ist man also g'faren mit trummen, pfifen und trummeten durch die statt hinab...»

So beschreibt der Arzt Georg Keller die Abfahrt des Schiffs am 20. Juni 1576 in Zürich, die sich zu einem festlichen Umzug auf dem Wasser gestaltete. Er war mit

Hirsebreifahrt 1986. Auf der friedlichen Limmat

von der Partie und hat einen schriftlichen Bericht über seine Hirsebreifahrt hinterlassen, der amüsant zu lesen ist und den Eindruck einer fröhlichen, unbeschwerten Fahrt vermittelt.

Die Reise war gut vorbereitet, der Rat hatte schon vorgängig die Behörden der Städte am Rhein gebeten, den Zürchern an diesem Tag ortskundige Steuerleute auf Posten zu halten, die sie sicher über die schwierigen Strecken bringen sollten. Limmat, Reuss, Aare und Rhein konnten auf der ganzen Strecke befahren werden, nur die Stromschnellen bei Laufenburg konnten mit beladenem Schiff nicht passiert werden. Hier lag unterhalb des «Lauffen» ein Ersatzboot bereit, in welches die Zürcher mit ihrem

Hirsebreifahrt 1986. Auf der Aare

«hirshafen» hurtig umstiegen. Neue Steuerleute führten es «mit der hilf Gotts» sicher durch die drei Wasserstürze des «Helhaggen» und nach Rheinfelden.

Dort wurden sie schon erwartet: Jemand liess ihnen an einer Schnur einen «stotzen» weissen Elsässer Wein ins Boot hinab. In Basel wurden die Zürcher gar mit Salutschüssen begrüsst; ihnen zur Ehre waren «drü stuck uf rederen» auf der Rheinbrücke aufgestellt worden, ausserdem brachte man ihnen «ein grossen kruog mit guotem win sampt welscher würsten, brot, retich und salz» aufs Schiff.

Von da an mussten sich die Zürcher tüchtig in die Ruder legen, um noch bei Tag nach Strassburg zu gelangen, da der Rhein nach Basel nur noch träge fliesst. Für die Anstrengung wurden sie belohnt: Von ferne schon sahen sie den Turm des Strassburger Münsters, und zwischen acht und neun Uhr abends erreichten sie die Mündung der Ill in den Rhein und das Ziel ihrer Reise. Da wurden sie von viel Volk begrüsst, den jubelnden Kindern warfen sie vom Schiff aus die warmen Semmelringe zu.

Bei der Landung wurden sie von zwei Ratsherren empfangen und zum Amtshaus geleitet, wo die «stett und ammeister» sie zum Essen erwarteten. Die Musik spielte auf, und der Hirsebrei wurde aufgetragen.

«In disem hus war die music zum allerbesten gerüst mit pausunen, zinggen und lebender stimm. Als wir nun ze tisch gesessen, hat man auch den hirshafen dahin getragen und hat in der diener uf des ammeisters stuben ufgetan und in kleine blättli (Plättchen) angericht und allenthalben uf die tisch usgeteilt, welcher noch so warm gewesen ist, dass er einen an die lefzen gebrennt hat.»

Bis ein Uhr in der Früh ass und trank man, Reden und Sprüche gingen hin und her, dann wurden die Zürcher Gäste in feierlichem Umzug mit Harzlichtern vom Amtshaus zu ihrer Herberge Zum Hirschen geleitet. Zwei Tage lang blieben sie in Strassburg, um den sportlichen Wettkämpfen beizuwohnen und die Stadt zu besichtigen, die

Ankunft in Strassburg 1576

sich für das Freischiessen fein herausgeputzt hatte: das Zeughaus, das Salzhaus und natürlich das Münster, wo die Zürcher die grosse Orgel gehörig bestaunten – seit der Reformation war dieses Instrument ja aus den zürcherischen Kirchen verbannt.

Am dritten Tag dann brachen sie zur Heimreise auf. Sechs «rollwägen» – die Fahrt flussaufwärts gegen den Strom war unmöglich, die «Einwegschiffe» mussten ja jeweils verkauft werden – brachten sie in sechs Tagen nach Zürich, wo sie in einem bunten Umzug mit vielen Fahnen einmarschierten.

Diese waren ihnen in Strassburg überreicht worden, zusammen mit Gedenkmünzen, die an das Fest und ihre «ritterliche tat» erinnern sollten. Die Strassburger Herren lobten bei der feierlichen Verabschiedung den Entschluss der Zürcher, «die alt fründschaft und nachpurschaft, so vor 120 jaren auch beschehen, zuo ernüweren».

Vor 120 Jahren hatte nämlich bereits eine Hirsebreifahrt stattgefunden. Über ihren Verlauf weiss man nichts Genaues, sie wird aber in der Bullinger-Chronik erwähnt.

«In dem jar Christi 1456 ward in der statt Strassburg ein schiessen angesehen, uf welches etliche fruotige gesellen in einem gesellenschiff hinab fuorent; die hattend einen hirsen gekochet, stelltend den in kessel in das schiff, vermachtend in wol mit lumpen oder strow, legtend uf den deckel nüw gebachen simmeln, vermachtend s' ouch und fuorent eins tags von Zürich gen Strassburg, und kamend dahin noch so früe am tag, dass sie vor irer herberg ein abendtanz hieltend und die warmen simmlen und hirsmänniklichen austeiltend; des in der statt ein gross wunder was, dann es ein witer weg von Zürich gen Strassburg ist.»

Der Rahmen dieser ersten historischen Hirsebreifahrt stimmt mit demjenigen der Erinnerungsfahrt von 1576 überein: Beide Male fuhr man zu einem Schiessen nach Strassburg, legte die Reise zu Schiff in einem Tag zurück und brachte warmen Hirsebrei und Semmeln aus Zürich mit, und beide Hirsebreifahrten wurden in der Folge schriftlich überliefert.

Es sind aber auch auffällige Unterschiede zu beobachten, und zwar im Hinblick auf die Reiseteilnehmer. 1456 waren es, der Chronik zufolge, «gesellen», die nach Strassburg fuhren, um an den Wettkämpfen teilzunehmen. Die Sportler aus Zürich waren sehr erfolgreich, sie erzielten Preise in den Disziplinen Laufen, Steinstossen und Springen. Es war die unternehmenslustige Jungmannschaft, die da mit ihrer Hirsebreifahrt ein übermütiges Bravourstücklein bestand.

1576 dagegen waren es bestandene und vornehme Herren, die an der Erinnerungsfahrt teilnahmen, nicht etwa, um in Strassburg zu turnen, sondern um zuzuschauen. Von Tanzen ist nicht mehr die Rede, dafür beschäftigte sich die Reisegesellschaft ausgiebig mit Essen und Trinken. Es war eine gemütliche Vergnügungsfahrt, die teilweise schon einer diplomatischen Expedition glich, begleitet von zahlreichen offiziellen Empfängen. Treffend ist das schon als «Schützenfestpolitik» bezeichnet worden: Es ging darum, die freundschaftlichen Beziehungen zwischen Zürich und Strassburg zu unterstreichen.

Bezeichnenderweise war es diese zweite, vornehme Hirsebreifahrt, die in der Literatur das grosse Echo fand. In seinem Epos «Argo Tigurina» verglich Rudolf Gwalther das Unternehmen in lateinischen Distichen mit den Fahrten der griechischen Helden Perseus, Daidalos und Odysseus. In deutscher Sprache gab noch im Jahr 1576 der Strassburger «Pritschenmeister» Johann Fischart seine Dichtung «Das Glückhafft Schiff von Zürich» heraus.

Diese beginnt mit den Zeilen:

Und lasst uns hören mit verlangen
Wie im Sommer newlich vergangen
Von Zürich ein Gsellig Burgerschafft
Mit gutem Glück und Manneskraft
Gen Strassburg auf das Schiessen fuhr
Da sie all freuntlichkeit erfuhr.

Sein Büchlein enthielt neben dem «Lobspruch» Fischarts auch den anonymen «schantlichen Schmach-

Das Glückhaftt Schiff von Zürich.

Ein Lobspruch / vonn der

Glücklichen vnd Wolfertigen Schiffart / einer Burgerlichen Gesellschafft auß Zürich / auff das auß-
geschriben Schiessen gen Straßburg den 21. Junij /
des 76. jars / nicht vil erhörter weis
vollbracht.

Dazu eines Neidigen Verunglimpfers schant-
licher Schmachspruch / von gedach-
tem Glückschiff:

Samt desselbigen Notwendigem
Kehrab ist gethan worden.

Sal. iij.
Sein zeyt hat bawen vnd die freüd /   Fürnemlich aber hat sein zeyt
Sein zeyt hat brechen vnd das leyd: Schweigen vnd Reden / Frid vnd Streit

spruch eines Neidigen Verunglimpfers». Obwohl es behördlich untersagt war, die Fremden zu verspotten, machte der sich in deftigster Weise lustig über die Herren «us dem land zuo Mu», die einen kuhfladenwarmen Brei nach Strassburg brachten und denen die Frau wohl noch «ein par söckli und ein weisses hembd» nachschicken musste...

So steht Verherrlichung neben Karikatur – die Zeitgenossen waren über die Schiffahrt der «Burgerlichen Gesellschafft auss Zürich» offenbar geteilter Meinung. Aus historischer Sicht ist festzuhalten, dass hier, am Beginn der Neuzeit, die Reise städtischer Bürger Furore machte – solches Aufsehen erregten im Mittelalter nur die Reisen von Königen, Kaisern und Päpsten. Es war ein festlicher Anlass – in den Schulbüchern unterbricht diese fröhlich gestimmte Episode die lange Reihe der Kriege und Nöte in wohltuender Weise.

Die Badenfahrten

Seit dem Mittelalter suchten die Zürcher immer häufiger die schwefelhaltigen Thermen von Baden auf. Diese Bäder – Aquae – waren von den Römern ausgebaut worden. Wie es im mittelalterlichen Baden zuging, haben verschiedene Besucher berichtet, am anschaulichsten wohl der Humanist Gian Francesco Poggio, der 1417 den Papst

Johannes XXII. an das Konzil von Konstanz begleitete und von dort aus Baden besuchte. Das lockere Leben in der Bäderstadt zog geistliche und weltliche Herren (und auch Damen) aus allen benachbarten Städten an. Im 18. Jahrhundert wurden jährliche Badenfahrten zur Gewohnheit vermögender Zürcher. In seinem liebenswürdigen Buch «Die Badenfahrt» (1817) hat der Biedermeier-Schriftsteller David Hess davon erzählt. Bis zum Bau der Spanisch-Brötli-Bahn, 1847, fuhren die Zürcher mit dem «Wägeli», besonders gern aber per Schiff nach Baden, um dort das Wasser zu gebrauchen, im Hinterhof am «Täfeli» zu sitzen oder gar dem Spiel und andern schönen Sachen zu frönen. Die Schiffleute hatten die fröhlichen Gäste gern.

Die Seiler

Innerhalb der Schiffleutezunft waren die Seiler die einzigen, die über eine eigentliche Berufslehre verfügten. Sie dürften deshalb von Anfang an eine Sonderstellung innegehabt haben. Vermutlich waren sie – vor allem im Vergleich mit den Fischern – zahlenmässig eine kleine Minderheit, dafür aber wirtschaftlich gut gestellt. Auffallend ist, dass nach einer Untersuchung von Hans Schulthess[7] die Seiler als ausgesprochen finanzstark erschienen. So lieferten 1357 sechs Steuerzahler mit dem Familiennamen Seiler den mit Abstand höchsten Steuerbeitrag aus dem gleichen Geschlecht ab. Auch wenn man davon ausgeht, diese sechs Familien mit dem Namen Seiler seien nicht mehr alle im Seilerberuf tätig gewesen, so spricht dies doch für die wirtschaftlich starke Stellung der Seilerei.

---

[7] Hans Schulthess, Die Stadt Zürich und ihre alten Geschlechter. Zürich 1928.

Ebenso klar ist aber auch, dass die Bedeutung der Seilerei zurückging. Dies hing zunächst mit dem Rückgang der Fischerei und später der Schiffahrt zusammen. Im 20. Jahrhundert wirkte sich dann das Aufkommen neuer Materialien aus. Besondere Erwähnung verdient Rudolf Denzler (1886–1979). Er war der letzte berufstätige Seiler auf der Zunft zur Schiffleuten. Während 69 Jahren gehörte er der Zunft an und dürfte damit hinsichtlich Zunftzugehörigkeit, zum mindesten, was unser Jahrhundert betrifft, an der Spitze stehen. Ruedi Denzler diente als grossgewachsene, kräftig gebaute Erscheinung während eines Jahrzehnts als idealer Bannerherr. Später erwies er sich in verschiedenen Chargen als stets hilfsbereiter Zünfter, der noch in hohem Alter auf Leitern stieg, um das Zunftlokal vor grossen Anlässen zu dekorieren. Zu Rudolf Denzlers Zeiten war auch die fast 100 m lange Seilerbahn auf der Stadelhoferschanze noch in Betrieb. Es ist zu hoffen, dass dieser seit Jahren stillgelegte Zeuge früherer zünftiger Handwerkstätigkeit erhalten werden kann.

Der Seilergraben in Zürich

Die Karrer und Tregel

1336 wurden den Fischern und Schiffleuten neben den Seilern auch die «karrer» und die «tregel» als Zünfter zugeteilt. Als man 1489, nach dem Sturz von Hans Waldmann, die Verordnungen wieder den bestehenden Zuständen anglich, verzichtete man im 4. Geschwornen Brief darauf, die Karrer und Tregel bei der Schiffleutezunft zu erwähnen. Sie gehörten zu den materiell ärmsten Schichten der Bürgerschaft. Sie machten deshalb geltend, «sie seien arme gesellen und vermöchten nit, der schiffleuten zunfft zukouffen». Tatsächlich ergibt sich aus den Steuerbüchern, dass die meisten Karrer nur ganz geringe Abgaben leisteten. Der Rat erklärte sie daher «ledig» aller Forderungen der Zunft.

Paul Guyer nimmt an, dass die Karrer und Träger der Konstaffel «zudienten».[8] Diese Praxis galt für die Nicht-

---

[8] Paul Guyer, Die soziale Struktur der Zunft zur Schiffleuten in Zürich. In: Zürcher Taschenbuch auf das Jahr 1949, Zürich 1948, S. 10–37.

Zünftigen und Hintersassen. Praktisch bedeutete dies, dass diese ärmeren Leute den vornehmen Herren der Konstaffel die lästige Pflicht des Wachtdienstes abnahmen. Im Alltag hatten die Karrer wohl vor allem die Pflicht, kleinere Gütermengen von den Schiffslandeplätzen zu den Kunden zu bringen und umgekehrt. Grössere Lasten, zum Beispiel Ladungen von Weinfässern, wurden von den «Winzügel», den Weinfuhrleuten transportiert. Diese gehörten ursprünglich zur Meise, seit 1489 zur Kämbel.

Sicher ist, dass die Karrer und Träger politisch und wirtschaftlich nur eine unbedeutende Rolle spielten. Sie treten denn auch unter den Namen der Zunftverordneten kaum in Erscheinung.

Der Zürcher Zeitgeist um 1500 und die Schiffleutezunft

Zürich war um 1500, das heisst am Vorabend der Reformation, eine höchst lebendige, jedoch wenig sittenstrenge Stadt. Seit Hans Waldmann hatte man sich an Solddienst, rasches Verdienen und Äusserlichkeit gewöhnt. Innerhalb der eidgenössischen Politik löste man Luzern als häufigsten Versammlungsort für die Tagsatzung ab. Zürich war der «vordriste Ort» der Eidgenossenschaft. Als Zentrum der päpstlichen Politik am Alpennordfuss wurde Zürich zu einem Treffpunkt zahlreicher Diplomaten. Vergeblich bemühten sich die Behörden, durch Sittenmandate für bessere Ordnung zu sorgen. Der Bischof von Konstanz, der für das Verhalten des Klerus verantwortlich gewesen wäre, kümmerte sich kaum um sein Bistum. Wie sehr der Klerus verroht war, mag an folgendem die Schiffleutezunft berührenden Ereignis deutlich werden: In der Nacht vom 7. auf den 8. Oktober 1517 geriet der Seiler Hans Götz auf der Schiffleutestube beim

Kartenspiel in Streit mit dem Kaplan am Zürcher Spital, Hans Clinger. Die beiden gerieten im Zorn so hart aneinander, dass Hans Götz von Hans Clinger mit dem Schwert getötet wurde. Der Streit mit so bösem Ausgang ist vor allem deshalb aktenkundig geworden, weil die Erben des Schiffleutezünfters einen langwierigen Rechtshandel gegen Hans Clinger führen mussten; denn der Kleriker versuchte sich einer Verurteilung durch die weltlichen Zürcher Gerichte dadurch zu entziehen, dass er die kirchlichen Gerichte anrief.

Der Ruf der Schiffleute war im übrigen nicht besonders gut. Wie sehr die ethischen und moralischen Grundsätze verloren gegangen waren, mag aus einer Bestimmung der Niederwasserschiffleute aus dem Jahr 1509 hervorgehen: Damals wurde in der Schiffordnung festgelegt, dass nicht zwei Totschläger zugleich auf demselben Schiffe in die Mannschaft genommen werden durften. Mit Ausnahme der Seiler galten die auf der Schiffleutezunft zusammengefassten Berufsgruppen nicht als eigentliche Handwerker, die eine Lehre zu absolvieren hatten. Namentlich die Niederwasserschiffer mussten vor allem kräftige, waghalsige Leute sein. Sie kamen in der Welt herum; wenn sie ihre Schiffe in Basel oder noch weiter rheinabwärts verkauft hatten, so mussten sie irgendwie, meist zu Fuss, wieder in ihre Heimatstadt zurückkehren.

Eine beträchtliche Versuchung namentlich für die Oberwasserschiffleute war der Alkohol. Es war ja auch nicht so leicht, bei heissem, windstillem Wetter mit einem Schiff voller Fässer mit köstlichem Wein aus Italien standhaft Richtung Zürich zu fahren. Auf jeden Fall gab es immer wieder Reklamationen, die Fässer seien angezapft und eines Teils ihres Inhalts beraubt worden. Schliesslich bürgerte sich die Gewohnheit ein, bei Weintransporten den Schiffleuten ein gewisses Quantum Tranksame freiwillig abzutreten.

Erscheinen die Schiffleutezünfter also eher als eine rohe, kraftvolle und auch unruhige Gesellschaft, so durfte man sich dafür in gefahrvollen Zeiten auf sie verlassen. In ihrem Abschnitt in der Stadtverteidigung, der vom Grendel bis zum Geissbergturm reichte, erfüllten sie ihre Aufgabe bestimmt zuverlässig. Dass sie gerade diesen Abschnitt zugewiesen erhielten, hängt damit zusammen, dass die meisten von ihnen an der Limmat (Schifflände oder Schipfe) und an den Verbindungsgassen zwischen Schifflände und Oberdorf wohnten, von wo aus sie ja auch die Verteidigung auf dem Wasser übernehmen konnten.

Während der Reformation traten die Schiffleute wenig in Erscheinung. Man darf annehmen, dass sie eher auf seiten Zwinglis standen. Denn sie gehörten den unteren sozialen Schichten an und waren am Solddienst wenig interessiert. Im ganzen gesehen, war die Reformation den Anliegen der Schiffleutezunft jedoch wenig gewogen.

Durch die Beseitigung der Fastenzeiten wurde der Fischhandel geschädigt. Die Pilger begannen Zürich zu meiden. Zu allem Unglück fiel der Vertreter der Schiffleute im Kleinen Rat, Jacob Fry (Fryg), am 24. Oktober 1531 im Gefecht am Gubel gegen die katholischen Inneren Orte.

Aus dieser Perspektive sollte auch die 1532 besiegelte Übereinkunft mit den Anrainern betreffend die Schiffahrt auf dem Zürichsee interpretiert werden. 1532 befand sich Zürich in einer schweren Krise. Die «Übereinkunft» muss deshalb als Zugeständnis namentlich gegenüber den Schwyzern verstanden werden. Wohl hat sich Zürich rasch vom grossen Rückschlag um 1531 erholt, die Schiffleute jedoch verspürten die ihnen ungünstige allgemeine Entwicklung nur zu gut.

Die Zunftmeister und Ratsherren der Schiffleute 1336–1798

Die Zunftmeister der Schiffleute 1336–1798

Den Schiffleuten standen wie jeder anderen Zunft zwölf Sitze im Grossen Rat, die «Zwölfer», zu, sowie ein Sitz im Kleinen Rat. Dieser eine Sitz wurde in der Regel vom Zunftmeister eingenommen. Da der kleine Rat aber in doppelter Besetzung organisiert war, musste jede Zunft einen zweiten Zunftmeister wählen. Die beiden lösten einander ab. Der erste wirkte im Natalrat, der von Weihnachten bis zum längsten Tag in Funktion war, der andere im Baptistalrat, der von Johanni (dem Tag von Johannes dem Täufer) bis zum kürzesten Tag amtete. Die Ratslisten, die seit 1336 vollständig erhalten sind, geben einen guten Überblick über die Abfolge der Zunftmeister auch bei den Schiffleuten.

Als erster Zunftmeister amtierte 1336 im Baptistalrat, wie erwähnt, der Schiffmeister Ulrich von Beichi (meist Beche, aber auch Bechi, Bech, Baeche geschrieben). Er wurde 1337, 1345 und 1349 von Rudolf Wisse bzw.

Wisso und Wiso verdrängt. Von diesen drei Unterbrüchen abgesehen gehörte Bächi jedoch bis zum Jahre 1360, also während 25 Jahren, dem Kleinen Rat an. Ulrich Bächi dürfte damit einer der einflussreichsten Schiffleutepolitiker aus der Frühzeit der Zünfte gewesen sein. Nach der Überlieferung war Ulrich Bächi 1358 für ein Schiffsunglück in Basel verantwortlich, von dem gegen 200 Menschen betroffen waren. Dennoch konnte er seine Stellung halten. Sein Geschlecht starb 1373 aus. Auffallend ist, dass Bächis Zunftmeisterstellung mit dem Tode Rudolf Bruns endet.

Die Zunftmeister im Natalrat 1336–1489

An Weihnachten 1336 wurde Bächi von Heinrich Läbertös abgelöst. Er beanspruchte den Sitz in den Jahren 1337, 1338, 1340, 1341, 1343, 1344. Dazwischen figurierte 1339 und 1347 Rudolf Fulado. 1342, 1345 amtierte Johans Siler «der alte», der sicher ein Seiler war. 1346 tritt erstmals Johans Teschler (auch Tescher, Tescheler) auf, der nochmals 1348 und 1349 des Rates war. 1350 erscheint Heinrich Neinsideller (auch Neisideller) in der Ratsliste, auf der er auch 1350, 1351, 1352 steht, dessen Familie wohl von Einsiedeln nach Zürich gekommen und der vermutlich ein Fischer war. Es folgten:

Heinrich Kalcher	Heinrich Stubenröch
Johans Neisidler	Heinrich von Richtiswile
Jacob Fischer	Johanns Langenörly
Jacob Wisso	Rudolf Schmidly
Jos Vischer	Johanns Seiler

Die unruhige Zeit des Alten Zürichkrieges spiegelt sich auch in den Namen der Schiffleutevertreter auf der Zunftmeisterliste: 1443 wurde Walter Lendy im Natalrat zusammen mit dem im Gefecht von St. Jakob an der Sihl gefallenen Bürgermeister Stüssi durch Johanns Wirtz ersetzt, dem schon 1446 Hans Sumervogel folgte. Er blieb bis 1453 im Amt und wurde 1454 durch Johan(n)s Fry (Frig) abgelöst. 1460 tritt Jacob Bachs erstmals als Zunftmeister im Natalrat auf, bis er 1468 Johans Wirtz Platz machte. Auch er blieb ein knappes Jahrzehnt an der Spitze der Zunft. 1477 tritt Johans Schorer auf. Dieser wurde 1484 von Peter Wolff, aus einem der bedeutendsten Schiffleutegeschlechter, ersetzt. Auf Peter Wolff folgte 1488 Heinrich Götz. Im sogenannten «Hörnernen Rat», der auf die Abrechnung mit Waldmann folgte, war die Schiffleutezunft mit folgenden Persönlichkeiten vertreten: Meister Peter Wolff, Hans Waser, Cuonrad Meyer, Hans Huber, Rudolf Fry, Ulrich Widerker, Rudolf Lochmann, Kuony Müller, Hensly Schmidly sowie dem Seiler Ostertag.

Die Zunftmeister im Baptistalrat 1336-1489

Als Nachfolger von Ulrich Bächi vermochte sich Johans Rümli (Rümly) ohne Unterbruch bis 1372 zu halten. Sein Nachfolger hiess Heinrich Swirnmann (Swirman), ein Name, der sich bestimmt von den Swirren, den in den Grund geschlagenen Pfahlreihen, ableitet. Auch Swirmann blieb relativ lange im Amt, nämlich bis 1385. Es folgten:

Berchtold Sumervogel	Rudolf Altenweger
Ulrich Studer	Ulrich Furer
Heinrich Schifi	Cuonrat Seiler
Cuonrad Seiler	Rudolf Leinbacher
Johans Sumerfogel	Jacob Schütz

Sein Nachfolger war Jacob Bachs, der in der unruhigen Zeit des Alten Zürichkrieges durch Rudolf Schmidly ersetzt wurde. Wie weit dieser mit dem bereits erwähnten Rudolf Schmidly aus dem Natalrat verwandt oder allenfalls identisch ist, konnte nicht eruiert werden. Auf jeden Fall hielt er die Position sehr lange, nämlich bis 1471. Ihm folgte Ulrich Riggler bis 1488, das heisst bis zu den Unruhen um Hans Waldmanns Tod.

Die Zunftmeister im Natalrat 1489-1798

1489 war die Zunft im Natalrat durch Johanns Waser vertreten. Er wurde 1494 Landvogt von Kyburg und trat seinen Sitz an Johanns Schmidly ab, freilich nur bis 1502. Denn Schmidly trat in diesem Jahr als Zunftmeister zurück und überliess das Zunftmeisteramt dem gleichnamigen Sohn von Johanns Waser, «Johanns Waser, der jünger» genannt. Als dessen Vater 1506 die Landvogtei Kyburg aufgab, übernahm er wieder das Zunftmeisteramt und damit auch den Sitz im Kleinen Rat. Dabei blieb es bis 1511. In diesem Jahr trat Johanns Waser, «der elter» – wohl aus Altersgründen – zurück, und Johanns Schlininger übernahm die Nachfolge. Er wirkte in dieser Stellung bis 1524. Schlininger starb im Amt und wurde durch Ulrich Wedischwyler ersetzt. Dieser gelangte 1527 zur Stellung eines Amtmanns von Rüti und überliess seinen Platz auf der Zunft Heinrich Wunderlich, der volle 25 Jahre lang, nämlich bis 1553, das Amt eines Zunftmeisters innehatte. Es folgten:

Rudolf Lochmann	Hans Wolff
Ulrich am Staad	Hans Schmidly
Hans Waser	Hanns Waser
Wilhelm Frey	Jakob Ziegler
Hans Bertschinger	Johannes Waser
Hans Uster	Gerold Nötzli
Hans Felix Wunderlich	Hans Jacob Waser

Hans Jacob Waser blieb 31 Jahre im Amt, bis er 1691 wegen Altersschwäche zurücktrat und seinen Platz an

Hans Jacob Wolff abtrat. Dieser starb schon zwei Jahre später und wurde durch Hans Georg Bürkli ersetzt. Mit dessen Wahl, 1696, zum Landvogt von Baden wurde der Zunftmeistersitz im Natalrat frei für Hans Jacob Wolff, der 1706 verstarb.

Auf ihn folgte Landvogt David Holzhalb (1652–1719). Die Familie Holzhalb erlebte im 17. Jahrhundert ihre Glanzzeit. Ursprünglich auf der Kämbelzunft beheimatet, drang die reich und gross gewordene Familie in verschiedene andere Zünfte ein. 1600 wurde Bernhard Holzhalb Zwölfer der Schiffleute. Auch der gleichnamige Vater von David Holzhalb war Zwölfer der Schiffleute gewesen. Der spätere Bürgermeister begann seine Laufbahn als Stadtschreiber, wurde dann Landvogt auf der Kyburg und 1706 Zunftmeister der Schiffleute. 1708 wurde er Statthalter im Zürcher Staat. Die Wahl zum Bürgermeister verdankte er freilich einer Häufung von Zufällen: Am 20. April 1710 war Bürgermeister Heinrich Escher hochbetagt gestorben. Sein Nachfolger Johann Ludwig Hirzel, am 22. April gewählt, starb schon am 5. Mai. So wurde der Weg frei für David Holzhalb. Er verstarb 1719 im Amt.

Die Nachfolge als Zunftmeister übernahm 1710 Rechenschreiber Hans Heinrich Waser. Er wurde 1713 Amtmann am Fraumünster und durch Hans Conrad Seeholzer ersetzt. Seeholzer, ursprünglich Schiffmann, später Waisenvater, war der letzte ehemalige Handwerker als

DOMINUS DAVID HOLZHALBIUS
ILLUSTRIS REIPUBLICÆ TIGURINÆ CONSUL, PATER PATRIÆ
ELECTUS DIE 7. MAJI ANNO 1710. ÆTATIS 58.

CONSULIS HOLZHALBI effigiem dum lustrat APOLLO,
Iste quis est, qui me, pictor, adumbrat? ait
Omnia conveniunt, tantum bonus error in illo est,
Dicta quod hoc vultu nonnisi fida dabo.

Magnificentiss. Heroi p. G. Heideggerus.

Joh. Rud. Fuesli pinxit.   J. G. Seiller Scaffhusianus sculpsit.

Zunftmeister der Schiffleute im Natalrat. Er starb 1719, im gleichen Jahr wie David Holzhalb.

Auf ihn folgte Salomon Hirzel. Dieses Datum ist vor allem deshalb bemerkenswert, weil nun erstmals ein Vertreter der mächtigen und in fast alle Zünfte eindringenden Familie Hirzel nach dem Meisteramt der Schiffleute griff. Er übte das Amt 25 Jahre lang aus und wurde nach seinem Tod, 1744, durch Hans Caspar Hirzel ersetzt. Auch er verstarb im Amt (1752) und überliess die Nachfolge Rittmeister Jacob Christoph Ziegler. Dieser trat nach 26 Jahren zurück und übergab die Würde eines Zunftmeisters im Natalrat an David Ott. Ott bekleidete das Amt bis ans Ende der Alten Eidgenossenschaft, 1798.

Die Zunftmeister im Baptistalrat 1489–1798

1489 übernahm Peter Wolff die Zunftmeisterwürde und behielt sie bis 1497. 1498 tritt erstmals Johann Waser, der jüngere, auf. Ihm folgte 1502 Rudolf Lochmann, der 1506 von Ulrich Widerker abgelöst werden sollte. Dieser wurde 1507 durch Heinrich Wolff ersetzt. Wolff überlebte die stürmischen Jahre der Reformation und wurde 1529 Amtmann von Embrach. Auf ihn folgte 1530 Heinrich Lochmann; dieser starb 1544 und wurde durch Wilhelm Myg ersetzt. Myg starb 1559 im Amt und fand in Ulrich Lochmann seinen Nachfolger. Lochmann

Niederwasserscheibe 1581

gelangte 1565 zur Würde eines Amtmanns zum Fraumünster und trat seinen Platz in der Zunft an Cuonrat Wädischwyler ab. Als dieser 1567 starb, folgte Hanns Bertschinger, der 1573 ebenfalls Amtmann zum Fraumünster und wieder durch Ulrich Lochmann ersetzt wurde. Doch Lochmann starb schon 1575, so dass Heinrich Wunderlich, ein schon bekannter Name, nachrückte. Wunderlich wurde 1577 Amtmann von Kappel und durch Niclaus Waser ersetzt. Er starb nach recht langer Amtszeit 1594 als Zunftmeister und fand seinen Nachfolger in Heinrich Usteri. Es folgten:

Heinrich Wunderlich	Hans Caspar Wolff
Hermann von Schänis	Hans Caspar Waser
Wilhelm Waser	Heinrich Wüst
Rudolf Waser	Johann Jakob Wolff

Als dieser 1726 verstarb, wählte man Major Hans Conrad Wüst zum Zunftmeister. Aber schon 1727 erscheint mit Hans Caspar Waser wieder ein Vertreter der alten Schiffleute-Familie, weil Hans Conrad Wüest Obervogt von Wellenberg im Thurgau wurde. Hans Caspar Waser geriet 1738 ins Gerede und wurde 1739 wegen Ehebruchs als Zunftmeister abgesetzt. Auf ihn folgte Hans Caspar Hirzel, der 1750 durch Melchior Wolff abgelöst wurde, der jedoch schon 1752 verstarb. Sein Nachfolger war Hans Caspar Wolff. Er amtete bis 1763 und wurde

Heinrich Ott (1719–1796)
Bürgermeister

durch Hans Heinrich Ott ersetzt. Ott wurde 1780 zum Bürgermeister gewählt und auf der Zunft durch Anton Engelhart ersetzt.

Auch Hans Heinrich Ott (1719–1796) gehörte einer Familie an, die seit der Mitte des 15. Jahrhunderts in Zürich belegt ist. Sie übte lange Zeit vor allem den Färberberuf aus. Die unmittelbaren Vorfahren von Hans Heinrich waren meist Pfarrer, Theologen, Professoren. Auf jeden Fall waren sie ursprünglich nicht auf der Schiffleuten zünftig. Jedoch breitete sich die zahlenmässig starke Familie auch auf die Schiffleuten aus. Hans Heinrich Otts Vater hatte die Saffranzunft mit der Schiffleuten vertauscht. Er selbst war zuerst Obervogt in Höngg, dann Gesandter nach Italien und nach Wien und schliesslich Statthalter. Im Alter von 61 Jahren wurde er Bürgermeister. Dieses Amt übte er bis 1795, d.h. bis zu seinem 76. Altersjahr aus. Otts Nachfolger auf der Zunft, Anton Engelhart, war der letzte Zunftmeister, der ein Handwerk ausübte. Er war Schiffmeister. Engelhard rückte 1787 zum Amtmann in Embrach vor und wurde durch Leonhard Ziegler auf der Zunft abgelöst. Ihm war es beschieden, den Einmarsch der Franzosen miterleben zu müssen.

Die Ratsherren der Schiffleute 1336–1798

Nach dem Blick auf die Zunftmeister haben wir uns daran zu erinnern, dass es im Kleinen Rat neben den 12 Zunftmeistern 12 Ratsherren gab. Sie wurden im wesentlichen durch die Konstaffel gestellt. Doch ging der Anteil der Konstaffel schrittweise zurück.[9]

Auf die Stellung der Zunft zur Schiffleuten innerhalb der Zürcher Gesellschaftsordnung gibt der Anteil dieser Zunft an den 174 Ratsherren einen Hinweis. Die 174 Ratsherren verteilen sich nämlich folgendermassen:

66 Konstaffelherren		5 Widder
29 Meisen	je	4 Schmiden, Schuhmacher, Zimmerleuten
19 Saffran		3 Schneidern
10 Kämbel		2 Schiffleuten
je 8 Gerwe und Weggen	je	1 Leinen- und Wollenweber

[9] Vgl. Werner Schnyder, Die Zürcher Ratslisten. Zürich 1962. Schnyder hat in sorgfältiger Arbeit eruiert, dass von 1393–1489 insgesamt 174 Zünfter und Konstaffler zur Würde eines solchen Ratsherrn gelangten.

Bei 10 Ratsherren konnte die Zugehörigkeit nicht sicher ermittelt werden. Der Anteil der Schiffleutezunft an den «Ratsherren freier Wahl» war in den ersten anderthalb Jahrhunderten der Zürcher Zunftgeschichte ausserordentlich bescheiden.

Vermutlich war, wie erwähnt, Johanns Seiler in Brunngassen der erste Ratsherr aus der Schiffleutezunft. 1393 wurde er aus dem Rat vertrieben, da er zur österreichfreundlichen, damals gestürzten Partei von Bürgermeister Schöno gehörte. Wahrscheinlich war auch Chuonrad Neisidler (Einsideller), der 1380 in den Natalrat gelangte, ein Mann der Schiffleute. Doch verschwindet er schon 1385 wieder aus den Ratslisten.

Darauf folgt eine lange Periode, in welcher sich keine Schiffleute unter den Ratsherren finden lassen. Erst die starke Beunruhigung im Alten Zürichkrieg öffnete der politisch bescheidenen Schiffleutezunft wieder das Tor zum Ratssaal: 1444 wurde Jacob Bachs Ratsherr im Natalrat.

Diese Stellung behielt er, bis er 1459 Zunftmeister der Schiffleute wurde. Als 1467 Johannes Wirtz Zunftmeister wurde, übernahm Jacob Bachs wieder das Amt eines Ratsherrn, das er bis 1472 ausübte. Dieses Mandat ging dann an die Kämbel über. Vermutlich war Johannes Wirtz vor seiner Wahl zum Zunftmeister – auch im Anschluss an die Unruhen im Alten Zürichkrieg – 1446 als Ratsherr in den Baptistalrat gelangt. Ein Nachfolger aus der Schiffleutezunft lässt sich aber nicht belegen.

Erst im Anschluss an den Waldmannschen Umsturz tauchen wieder Namen aus der Schiffleutezunft auf. Im Hörnernen Rat von 1489 erscheinen die guten Schiffleutenamen Peter Wolff, Hans Waser und Seiler Ostertag. Und im Baptistalrat von 1489 lässt sich erstmals Johanns Frey als Ratsherr belegen. Fry, Fryg, Frig rückte in der Rangliste, wie es der Brauch war, langsam auf, gehörte dem Rat während 18 Jahren, d. h. bis 1508, an und wurde durch den Schiffleutezünfter Heinrich Schmidly ersetzt. Auf ihn folgte 1524, also in den bewegten Jahren der Reform durch Zwingli, Jacob Fry, vermutlich ein Sohn von Heinrich Fry. Er starb 1531 als oberster Hauptmann der Zürcher im Gefecht am Gubel und wurde in der damaligen schweren Krise des Zürcher Staates durch Felix Grossmann ersetzt.

Der Sitz der Schiffleute im Baptistalrat erwies sich somit als recht gefestigt, und nach dem Tod von Felix Grossmann folgte Felix Bertschinger. Nach dessen Tod fiel der Sitz an Hans Ostertag, der schon 1563 verstarb und durch Ulrich Waser ersetzt wurde. Auch dieser verschied schon 1564 – vermutlich als Opfer der Pest – und wurde durch Rudolf Pur abgelöst. Er amtete bis 1581, als er die angesehene Funktion eines Landvogts von Knonau übernahm. Dadurch konnte Andreas Waser in den Baptistalrat nachrücken. Waser verstarb nach 27 Jahren, 1608, im Amt und wurde durch Hans Conrad Wolff ersetzt. Dieser starb jedoch schon nach drei Jahren und überliess seinen Sitz 1611 Hans Peter Wolff, der volle 31 Jahre Ratsherr blieb, bis er 1642 im Amt verstarb.

Sein Nachfolger wurde nun einer der Zuzüger aus der immer mächtiger werdenden Familie Hirzel, der auf dem Umweg über die Schiffleutezunft zu einem Sitz im Kleinen Rat gelangte: Hans Caspar Hirzel. Hans Caspar Hirzel wurde 1653 Amtmann zum Fraumünster und machte damit seinen Ratssitz frei für Hans Hartmann Hoffmeister. Hoffmeister starb 1670 und wurde als Ratsherr im Baptistalrat durch einen echten Schiffleutemann, den Schiffmeister Hans Bernhard Thumysen, ersetzt. Thumysen verstarb 1686 und liess damit Landvogt Hans Ulrich Wolff nachrücken. Dieser alteingesessene Schiffleutemann starb 1699. Seine Nachfolge trat ein weiterer Schiffleutevertreter an: Hans Rudolf Waser. Er verdient vor allem deshalb Erwähnung, weil er volle 41 Jahre dem Rat angehörte; das war die längste Amtsdauer eines Schiffleute-Ratsherrn. Sein Nachfolger wurde 1741 Leonhard Ziegler.

Inzwischen hatte sich freilich eine nicht unwichtige Veränderung ergeben. 1721 gelang den Schiffleuten der Schritt in die Ratsherrengruppe des Natalrats. Amtmann Hans Heinrich Waser, bis dahin Zunftmeister der Schiffleuten, ersetzte Hans Rudolf Escher als Vertreter der

Meisen. Von da an war die Schiffleutezunft also in beiden Ratsrotten vertreten, während rund anderthalb Jahrzehnten durch zwei Waser.

Verfolgen wir zunächst den Gang der Dinge im Baptistalrat: Leonhard Ziegler wurde 1756 durch dessen gleichnamigen Sohn (?) ersetzt, der 37 Jahre lang, bis 1778, amtete. Sein Nachfolger wurde Matthias Ziegler, der 1786 starb und durch Leonhard Ziegler abgelöst wurde. Der traditionelle Sitz im Baptistalrat wurde damit zu einem Privileg der zugewanderten Familie Ziegler und blieb es auch bis zum Zusammenbruch der Alten Eidgenossenschaft.

Im Natalrat ging der 1721 eroberte Sitz nach dem Tod von Hans Heinrich Waser, 1735, wieder verloren, und zwar an die Zunft zur Meisen, der man das Mandat ja auch entrissen hatte. Erst 1764 eröffnete sich den Schiffleuten wieder eine Chance. David Landolt, Ratsherr freier Wahl aus der Zunft zur Schneidern, musste wegen Konkurs zurücktreten. An seine Stelle rückte alt Amtmann Matthias Römer von den Schiffleuten. Er blieb bis 1794 im Amt. Der Sitz ging an Hans Reinhard von der Konstaffel, der später eine wichtige politische Rolle spielen sollte. Zu vermerken ist aber, dass sich die Zunft zur Schiffleute im Jahre 1787 noch einen dritten Ratssitz zu sichern verstand. Als H. H. Landolt aus der Zunft zur Schneidern Bürgermeister wurde, verstand es Stadtarzt Hans Caspar Hirzel, das freiwerdende Ratsmandat an sich zu reissen – er sollte es bis 1798, bis zum Untergang der Alten Eidgenossenschaft, behalten.

Strukturwandel

Die Veränderungen auf der Schiffleutezunft

Nach der Reformation wurden die Fischer, aber auch die Schiffleute immer seltener. Viele wechselten den Beruf, und der Berufswechsel führte in der Regel auch zu einem Zunftwechsel. So erklärt es sich, dass von den alteingesessenen Fischer- und Schiffleutegeschlechtern nur noch wenige auf der Zunft blieben. Angesichts der schwindenden Zahl der Zünfter wurde die Besetzung der Ratsstellen immer schwieriger.

Seit dem 17. Jahrhundert traten nun neue Familien auf den Plan, um die entstandenen Lücken zu füllen. Sie hatten mit dem Gewerbe nichts mehr zu tun. Ihre Absicht war es vielmehr, rasch in den Rat zu gelangen, um Ansehen und Macht ihrer Familien zu stärken. Viele dieser Familien sind denn auch seit dem 17./18. Jahrhundert in mehreren Zünften vertreten. Diese Entwicklung lässt sich aus den Zünfterverzeichnissen von 1730 ablesen. Die Zahl der Zünfter hatte sich seit 1637 mehr als verdoppelt und betrug 126. Die Zahl der Zunfthandwerker betrug noch 28, d.h. 22%. Der neuen Oberschicht gehörten 42 Zünfter an, nämlich 22 höhere Staatsbeamte, Ärzte und Professoren, 7 Rentner und 13 Kaufleute. Neben der Zuwanderung prominenter Leute aus den regierenden Familien nimmt sich der Zuzug an Handwerkern sehr bescheiden aus. Neu aufgenommen wurden zwischen 1599 und 1730 die Schiffleute Morf, Nägeli, Scheuchzer und die Seiler Burkhard, Finsler, Freudwiler und Steinbrüchel. Keiner dieser Handwerker, auch nicht deren Nachkommen, gelangten zu politischem Einfluss.

Was nun die alten Schiffleutefamilien betrifft, so waren nur die Wolff, Waser und Ziegler in die Magistratsfamilien aufgestiegen. Dies führte zwangsläufig zu einer vielfältigen Verschwägerung mit anderen einflussreichen Familien. Man muss deshalb sowohl die Ausbreitung der Wolff und Waser in andere Zünfte wie das Eindringen grosser Familien in die Schiffleute auch als Folge der immer engeren Versippung innerhalb der herrschenden Schicht verstehen.

Das Zünfterverzeichnis von 1762 zeigte einen Gesamtbestand von 129 Zünftern. Die 129 Zünfter verteilten sich auf 37 Geschlechter, unter denen die Waser mit 20, die Wolff mit 13, die Hirzel mit 11, die Wüst mit 10 und die Ziegler mit 8 Angehörigen am stärksten vertreten waren. An der Spitze der Zunft standen in jenem Jahr die beiden

Zunftmeister Kaspar Waser-Rahn in der Schipfe und Jakob Ziegler-Usteri im «Grossen Pelikan». Als Ratsherr begegnet uns der Seidenindustrielle Leonhard Ziegler, ebenfalls aus dem «Grossen Pelikan». Im Rate vertreten waren die Waser und Ziegler mit je 4, die Wolff mit 3, die Hirzel mit 2, die Hottinger, Keller und Römer mit je einem Familienangehörigen.[10]

Im Jahr 1790 stellten die Handwerker aus der Schiffleutezunft nur noch 2 der 12 Zwölfer. Von den insgesamt 18 Ratssitzen der Schiffleute hatten die Hirzel 5, die Ott 2, die Römer 2 und die Ziegler 4 inne. Paul Guyer schrieb dazu, «dass die gutgestellten, aber eigentlich zunftfremden Elemente das Heft völlig in die Hände bekamen».

Man fragt sich natürlich, wieso sich die schwächeren Zünfte auf ein solches Vorgehen einliessen. Die Antwort ist einfach: Die hohen, vermöglichen Herren brachten finanziellen Rückhalt, und es war auch für die Schiffleute schmackhaft, dass nun «einer der ihren» in hohe und höchste Ämter aufstieg. Dazu kam, dass sich auch der einfachste Schiffleutezünfter als Bürger der Stadt, zum mindesten im Vergleich zur Landbevölkerung, als «Herr» fühlen konnte und deshalb am Fortbestand der bestehenden Verhältnisse interessiert war.

---

[10] Alle Angaben nach Hans Schulthess, Zur Geschichte der Zunft zur Schiffleuten in Zürich. Zürich 1951, S. 25 f.

Zunfthaus um 1700

Zunfthaus um 1820

Immerhin vollzog sich der Wandel von den ursprünglich doch recht freiheitlichen Verhältnissen des 16. Jahrhunderts zu den aristokratischen des 18. Jahrhunderts nicht ganz ohne Widerstand. 1712 regte sich eine Oppositionsgruppe, die sich aus unzufriedenen Magistratsfamilien und Handwerkern zusammensetzte. Um die Reformen zu beraten, versammelte man sich auf der oberen Stube der Schiffleutezunft. Dabei waren alle Zünfte vertreten. Innerhalb der Schiffleutezunft forderten vor allem die Seilermeister, es sollte den Handwerkern im Grossen Rat, also unter den Zwölfern, eine minimale Zahl von Sitzen fest zugesichert werden. Eine längerfristige Wirkung ging von die-

Zunftstube 1713

sem Reformversuch jedoch nicht aus. Die Wahl des Aussenseiters Waisenvater Seeholzer, eines einstigen Schiffmanns, zum Zunftmeister der Schiffleute im Jahr 1713 muss als Symptom für einen starken Widerstand innerhalb der Zunft verstanden werden.

Einige Schiffleutefamilien

Die Familie Wolff

Unter den Fischern dürften die Wolff als bedeutendste Familie betrachtet werden. 1351 wurde ein Wernli Wolff in der Stadt eingebürgert. Er war ein Fischer von Honrein in Wollishofen. Wenig wissen wir von seinen Nachkommen: ein Fischer Heini Wolff ist 1430 belegt. Peter Wolff (ca. 1425–1497), vermutlich ein Sohn von Heini, wurde 1484 Zunftmeister und blieb es bis zu seinem Tod. Er soll bei der Schlacht von Murten dabei gewesen sein und 1489 anlässlich der Unruhen bei Hans Waldmanns Sturz beruhigend auf das Volk eingewirkt haben.

Die nächste Generation war mit dem Fischer und Zunftmeister Heinrich Wolff (ca. 1465–1535) im Rat vertreten. Er sicherte sich 1526 die Fischenzen beim Rathaus. Mehr wissen wir von dessen Sohn Heinrich Wolff (1490–1531). Offenbar verfügte sein Vater über ein beachtliches Auskommen, denn er ermöglichte dem Sohn 1515 eine Reise nach Rom, die aber nur bis in die Gegend von Mailand gedieh, weil Heinrich kurz nach der Schlacht von Marignano in italienische Gefangenschaft geriet. Dafür unternahm der reiselustige junge Mann, zusammen mit dem Sohn von Bürgermeister Max Roist, dem jungen Diethelm Roist, eine Wallfahrt nach Santiago de Compostela. Die beiden Pilger schlossen sich aber nur wenig später der Reformation an. Diethelm unterstützte als Bürgermeister (seit 1524) die zwinglianische Reform nachhaltig. Als Parteigänger der Reformation kam aber auch Heinrich Wolff rasch voran: Er wurde Zwölfer der Schiffleute, dann Zunftmeister, und schliesslich sicherte er sich eine der attraktiveren neuen Positionen im reformierten Staat, die Stelle des Amtmanns von Embrach. Freilich zahlte er auch einen hohen Preis für seine reformatorische Überzeugung. Er fiel 1531 an der Seite Zwinglis in der Schlacht von Kappel.

Heinrich Wolff hatte von Margaretha Leu fünf Kinder, davon drei Söhne, welche die Volljährigkeit erlangten. Der älteste, Johannes (1521–1571), ist für unsere Betrachtung interessant, weil er als erster der Familie den Fischerberuf verliess. Er besuchte die neue Klosterschule in Kappel, wurde von Bullinger gefördert, studierte an Hochschulen in Deutschland, stieg bald zum Pfarrer und schliesslich zum Theologie-Professor am Karolinum auf. Mit Abstand am erfolgreichsten unter den Nachkommen von Johannes

Wolff war Hans Ulrich (1559–1624). Er wurde Apotheker, erwarb das Bergwerk am Gonzen, bekleidete zahlreiche hohe Ämter im Zürcher Staat und wirkte als respektabler Diplomat in den verschiedensten Missionen. Dem Berufswandel und sozialen Aufstieg entsprach der Wechsel von den Schiffleuten auf die Saffran, wo Hans Ulrich Wolff Zunftmeister wurde.

Im 17. und 18. Jahrhundert stellten die Wolff eine lange Reihe von Theologen und Gelehrten.

Die Familie Waser

Der Name Waser findet sich in den Zürcher Steuerbüchern seit 1358. Vermutlich leitet sich der Name von Wase = Rasen ab. Mehrere Waser, z. B. aus Wiedikon, erhielten 1440 das Bürgerrecht ehrenhalber, da sie sich im Alten Zürichkrieg besonders tapfer gehalten hatten. Offensichtlich waren die Waser schon sehr früh im Schiffleuteberuf tätig. Sie haben wohl auch dazu beigetragen, dass aus der Fischerzunft eine Schiffleutezunft wurde. Der Stammbaum wird zurückgeführt bis auf Johann Waser, der 1489 Zwölfer der Schiffleute wurde. Er war der erste, der aus der Familie Waser zum Zunftmeisteramt gelangte, und dies, wie wir gesehen haben, zweimal; denn zwischenhinein war er als Landvogt von Kiburg tätig.

Die späteren drei Linien der Familie gehen auf diesen

Johann Waser zurück. So ist es denn auch begreiflich, dass namentlich die bei den Schiffleuten verbliebenen Nachkommen immer wieder den Vornamen Johannes tragen. Die Familie dehnte sich namentlich im 16. und 17. Jahrhundert mächtig aus. Im Sinne einer Gegenbewegung zu anderen grossen Familien, die in die Schiffleutezunft eindrangen, breiteten sich die Waser auf andere Zünfte aus. Bekanntester Träger des Namens Waser dürfte Johann Heinrich (1600-1669) sein; er nahm nicht nur in Zürich als Bürgermeister, sondern in der ganzen Eidgenossenschaft eine mächtige Stellung ein. Nach dem Dreissigjährigen Krieg bemühte er sich – erfolglos – um ein strafferes eidgenössisches Bündnis.

Auch die Familie Waser ist heute noch auf der Schiffleuten zünftig. Sie hat im 20. Jahrhundert in Prof. Dr. Ernst Waser den Zunftmeister, in Prof. Dr. Peter G. Waser den langjährigen Statthalter der Zunft gestellt. Beide waren Rektoren der Universität Zürich.

Die Familie Ziegler

Relativ gross war seit dem letzten Viertel des 17. Jahrhunderts die auf der Schiffleutezunft eingeschriebene Zahl von Kaufleuten, die zum Teil alteingesessenen, mehrheitlich aber zugewanderten Familien angehörten.

An der Spitze der erstern standen die schon seit Ende des

Zunftscheibe von 1605

16. Jahrhunderts zunftgenössigen Ziegler. Leonhard Ziegler (1649-1727) wurde zum Begründer eines Seidenhauses, das bis in die ersten Jahrzehnte des 18. Jahrhunderts mit an der Spitze sämtlicher zürcherischer Handelshäuser stand. Reich und unabhängig, kaufte er, gemeinsam mit einem kinderlos gebliebenen Bruder, das zwischen dem Thalacker und der Thalstrasse und zwischen der Bärengasse und der heutigen Pelikanstrasse gelegene Areal und baute auf demselben, vermutlich im Jahre 1675, das Haus «zum grossen Pelikan», das hinsichtlich seiner Innenausstattung als das schönste zürcherische Privathaus aus jener Zeit anzusprechen ist. Es blieb im Besitz seiner Nachkommen bis zum Jahre 1930 und hatte dann das Glück, in seinem Käufer, Oberst Fritz Locher-Lavater, Mitinhaber der Baufirma Locher & Co., einen Betreuer zu finden, der mit Liebe und Sachkenntnis alles daran setzte, dem ehrwürdigen Bau seinen Charme zu erhalten. Auch die jüngst verschwundenen Häuser zum «hintern», «mittleren» und «kleinen» Pelikan und das geschmackvoll renovierte Haus «zur Weltkugel» (Bärengasse 20) waren einst Zieglerscher Besitz. Lag die Bedeutung des Geschlechtes vorerst auf wissenschaftlichem (medizinischem), alsdann auf kaufmännischem Gebiet, so änderte sich dies in der zweiten Hälfte des 18. Jahrhunderts insofern, als es von da ab die uneigennützige Hingabe an das Staatswesen mit Einschluss des Wehrwesens war, das den Ziegler «zum grossen Pelikan»

Zunftscheibe von 1698

das vornehme Gepräge eines ausgesprochenen Patriziergeschlechtes gab und dasselbe zu einer eigentlichen Zierde der Schiffleutezunft und darüber hinaus des zürcherischen Staatswesens werden liess.[11]

Die Familie Keller

Gleichfalls einem alteingesessenen Schiffleutegeschlecht, der seit dem Jahre 1711 als «Edle von Kellern» in den Reichsadel erhobenen Familie der sog. Wolken-Keller, entstammte der Pfarrerssohn Johannes Keller-Müller (1657-1733), der sich, vermutlich wie die Ziegler und noch viele andere Zürcher, die Fabrikationsmethoden der nach Zürich vertriebenen Hugenotten vortrefflich anzueignen wusste und auf diesem Wege binnen kurzer Zeit zu einem der bedeutendsten Seidenindustriellen wurde. Er erwarb die ehemals Lochmannsche, später Stockarsche und Meyersche Liegenschaft «zum Vogelsang» und «zum langen Stadelhof» (mit dem Lochmann-Saal) im Stadelhoferquartier. Unter seinem Sohn Johannes Keller-Bodmer (1697-1729) stand das Kellersche Seidenhaus noch im Jahre 1737 an zweiter Stelle sämtlicher zürcherischer Exporthäuser. Oberst Johann Kaspar Keller-Schulthess (1744-1829), ein Enkel des geadelten, in österreichischen

[11] Die Darstellung der Familien Ziegler und Keller folgt Hans Schulthess, Zur Geschichte der Zunft zur Schiffleuten in Zürich. Zürich 1951, S. 15 ff.

Diensten stehenden Obersten Georg Heinrich Keller, war ein tüchtiger Ingenieur, daneben aber auch ein verständnisvoller Kunstsammler, dessen von Fremden vielbesuchte Gemäldegalerie im Jahre 1854 als Geschenk seines Enkels Alberto von Keller in Mailand an die zürcherische Künstlergesellschaft gelangte. Diesem Obersten Keller haben wir es zu verdanken, dass manche Werke unserer zürcherischen Altmeister Hans Asper, Samuel Hoffmann, Conrad Meyer usw. Zürich erhalten geblieben sind. Heinrich Keller (1771–1832), ein Sohn des Obigen, betätigte sich als Bildhauer und Dichter in Rom, und dessen Sohn Cavaliere Alberto von Keller (1800–1874) brachte es in Mailand als Rohseidenhändler zu einem grossen Vermögen, das dem Junggesellen gestattete, in Villanovetta ein Kinderasyl zu gründen. Dem Waisenhaus vermachte er 30 000 Lire, und darüber hinaus bedachte er viele gemeinnützige Institute mit grossen Legaten. Verschiedene erfolgreiche zürcherische Seidenindustrielle hatten in jungen Jahren in Alberto Keller einen ebenso tüchtigen wie wohlwollenden Lehrmeister gefunden. Heute ist dieses Geschlecht, das sich übrigens in der Schweiz immer nur Keller nannte, in Zürich erloschen.

Die Familien Wyss, Schmidli und Frey

Neben den Waser und Wolff finden sich am häufigsten die Namen Wyss (Zunftmeister Rudolf Wyss, 1345) sowie die Schmidli und Frey. Der Seidenindustrielle Joh. Heinrich Frey (1730-1787) war als Mitinhaber der Firma Frey & Pestalozzi zu grossem Wohlstand gelangt. Er wurde zum Erbauer des nach ihm benannten Freigutes (Brandschenkestrasse 31), das in seinem Innern alle Finessen der Rokokokultur aufweist und zweifelsohne als das schönstausgestattete Privathaus Zürichs aus der zweiten Hälfte des 18. Jahrhunderts gelten konnte. Während sich die Wyss, später von Wyss, auch auf andere Zünfte ausbreiteten, unterblieb eine solche Expansion bei den Familien Frey und Schmidli; beide Familien starben im 18. Jahrhundert aus. Überhaupt verdient vermerkt zu werden, in welchem Grad jene Familien rasch ausstarben, die während des Spätmittelalters in den Ratslisten häufig auftraten. Das gilt zum Beispiel für die Namen Summervogel, Bachs, Jutzo und Langenörli.

Solange das Bürgerrecht leicht erhältlich war, was namentlich für die bewegten Jahre der Reformation galt, stellt man einen raschen Wandel der Schiffleutenamen fest. Paul Guyer hat die Namenliste von 1468 mit jener von 1599 verglichen. Daraus resultiert, dass sich von den 49 Familien, welche 1468 auf der Schiffleuten zünftig waren, 1599 nur noch 10 finden lassen. Es waren dies die folgenden: Baghart, Frey, Lochmann, Ostertag, Schmidli, Waser, Wirz, Wolff, Wunderli und Ziegler. Dafür waren 26 neue Familien dazugekommen.

Pfarrherren und Gelehrte

Nach der Reformation konnten die Geistlichen in die Zünfte aufgenommen werden. Das brachte ein ganz neues Element auch in die Schiffleuten. 1762 waren, wie wir gesehen haben, von 129 Zünftern nicht weniger als 20 Geistliche.

Hand in Hand mit der Aristokratisierung wurde das Pfarramt zu Stadt und Land, mit Ausnahme der Stadt Winterthur, im letzten Viertel des 17. Jahrhunderts zu einem stadtbürgerlichen Privileg erklärt. Solange der Stadt- und Landpfarrer sein Amt bekleidete, und dies geschah, unterstützt durch einen Vikar, gewöhnlich bis an sein Lebensende, blieb ihm, ungeachtet seiner Regimentsfähigkeit, der Ratssaal verschlossen. Dafür aber war er als Stadtbürger ein wichtiges Bindeglied zwischen der Obrigkeit und den ländlichen Untertanen. Daneben hatte er Zeit und Musse genug, sich auch anderweitig zu betätigen. So war Pfarrer Johannes Schmidlin (1722–1772) in Wetzikon ein eifriger Förderer des Kirchengesangs und hat sich als Herausgeber einer Sammlung von Kirchenliedern verdient gemacht. Als ausgezeichneter Musiker und Sänger dürfte er sich mitunter auch seiner Zunft vorgestellt haben. Diakon Johann Heinrich Waser (1713–1777) in Winterthur hat sich als Übersetzer des Lukian aus dem Griechischen und der Werke Swifts aus dem Englischen einen Namen gemacht.[12]

Der erste Professor unter den Schiffleuten war ein Zuwanderer in den Jahren der Reformation: der Seiler Robert Ambühl (Collinus).

Ambühl/Collinus wurde 1499 als Sohn eines Bauern, der den Hof «am Bühl» in Guntellingen (Luzern) bewirtschaftete, geboren. Die Schule besuchte er in Beromünster und in Luzern. Vermutlich studierte er in Basel, Wien und Mailand. Eine erste Lehrstelle versah er im Kloster St. Urban. 1522 wurde er Chorherr in Beromünster, neigte aber den reformatorischen Gedanken zu. 1524 begab er sich deshalb nach Zürich, wo er zum neuen Glauben übertrat. Es verdient vermerkt zu werden, in welchem Mass das puritanische Arbeitsethos Zürich damals schon beeinflusste: Offensichtlich verlangte man vom bisherigen altgläubigen Chorherrn eine handwerkliche Stellung. Am-

---

[12] Zitiert aus: Hans Schulthess, Zur Geschichte der Zunft zur Schiffleuten in Zürich. Zürich 1951, S. 14.

Thomas Platter als Seiler bei Collinus

bühl trat bei einem Heinrich oder Hans Ostertag eine Lehre als Seiler an. So war er in der Lage, sich seinen Lebensunterhalt zu sichern. Neben diesem braven Seileralltag war der junge Ambühl eine eher unruhige Natur, die sich aktiv an den letzten in Zürich geduldeten Reisläuferabenteuern beteiligte. 1526 erhielt er das Bürgerrecht, wurde Stubenmeister, Zunftpfleger und Schreiber seiner Zunft. Er besass bald auch einen eigenen Laden (Bude) an der Schifflände. Sein wichtigster Förderer dürfte Jakob Ammann gewesen sein. Im gleichen Jahr, da er das Bürgerrecht erhielt, gelangte er auch zur Lehrstelle für Griechisch an der neu eingerichteten Theologenschule am Grossmünster. Vorerst betrieb er aber den Beruf des Seilers «wegen Anfangs gehabten geringen Einkommens» noch einige Zeit weiter. Diese sogenannte Professur brachte Collinus nach einigen Jahren die Würde eines (reformierten) Chorherren ein. Ambühl vertauschte also im Endeffekt die Chorherrenpfründe von Beromünster mit jener in Zürich. Der Gewohnheit der Humanisten seiner Zeit folgend, latinisierte er seinen Namen Ambühl in das vornehmere Collinus. Als Collinus ging er denn auch in die Zürcher Reformations- und Kulturgeschichte ein.

Der berühmteste Schiffleutezünfter des 17. Jahrhunderts war der bedeutende Orientalist Hans Heinrich Hottinger (1620–1667), der nach einer glänzenden, mit Berufungen an die grössten ausländischen Universitäten ver-

Hans Jakob Hottinger-Escher (1783–1860)

bundenen Laufbahn das Unglück hatte, bei einer Fahrt nach seinem ob Unterengstringen gelegenen Landsitz «zum Sparrenberg» in der Limmat zu ertrinken. Er wurde zum Stammvater einer Gelehrtenfamilie, in der sich während Generationen die geistige Elite der Zunft verkörperte. Einer seiner Enkel, Dr. med. und Ratsherr Heinrich Hottinger-Werdmüller (1680–1756), gehörte zu den nicht allzu vielen schweizerischen Gelehrten, denen die ehrenvolle Mitgliedschaft der Leopoldinischen Akademie der deutschen Naturforscher in Wien zuteil wurde. Weitere Nachkommen des Orientalisten waren zum Teil bedeutende Vertreter des Chorherrenstiftes zum Grossmünster. Hans Jakob Hottinger-Escher (1783–1860) hat sich als Geschichtsforscher einen Namen gemacht, war zeitweise Mitglied des Regierungsrates und Erziehungsrates und betätigte sich in grosszügiger Weise auf gemeinnützigem Boden.[13]

Aus dem 18. Jahrhundert sei Stadtarzt Dr. med. Hans Caspar Hirzel (1725–1803) erwähnt. Am Carolinum waren Bodmer, Breitinger und Johannes Gessner seine Lehrer. Seine Dissertation trägt den schönen Titel «Über den Einfluss der Fröhlichkeit auf die Gesundheit des Menschen». Er war ein rühriges Mitglied der Naturforschen-

---

[13] Nach Hans Schulthess, Zur Geschichte der Zunft zur Schiffleuten in Zürich. Zürich 1951, S. 13.

Hans Caspar Hirzel (1725–1803), Stadtarzt

den Gesellschaft, hat sich als Poliater und Archiater bewährt. 1761 war er unter den Gründern der Helvetischen Gesellschaft. Ab 1778 findet man ihn im Kleinen und im Geheimen Rat. Bekannt geworden ist er vor allem als Verfasser eines Buchs über den Musterbauern Chlyjogg, «Die Wirtschaft eines philosophischen Bauers» (1761), das ein Jahr später in der französischen Übersetzung, «Le Socrate rustique», zu einem Welterfolg wurde und die physiokratische Bewegung wesentlich gefördert hat. Hirzel hat im Rahmen der «Ökonomischen Kommission» die «Bauerngespräche» auf der Meisen ins Leben gerufen.

Prominente Zürcher waren auch sein Bruder, der Ratsherr Salomon Hirzel (1727–1818), und sein Sohn, Dr. med. Hans Caspar Hirzel (1751–1817), der Mitbegründer und Präsident der Zürcherischen Hülfsgesellschaft, der Schweizerischen Gemeinnützigen Gesellschaft und der Blinden- und Taubstummenanstalt in Zürich.

Hans Caspar Hirzel (1751–1817), Präsident der Zürcherischen Hülfsgesellschaft

1798

462 Jahre nach dem Brunschen Umsturz und ihrer formellen Anerkennung wurden die Zünfte ebenso formell wieder aufgelöst. Die materiellen Güter der Zünfte verkaufte man. Bei den Schiffleuten ging das Haus an der Schifflände für 9800 Gulden an den Seilermeister Freudwiler über. Ähnlich verfuhr man mit dem Silberschatz der Zunft. Vermutlich wechselten Haus und Silber zu niedrigen Preisen die Hand. Denn in jenen äusserst unruhigen Zeiten bestand wohl wenig spekulatives Interesse an einem Hauskauf. Zudem wusste man, dass die Erträge, soweit sie nicht verheimlicht werden konnten, als Kontributionszahlungen an die französische Besatzungsmacht abgeliefert werden mussten. Selbst das Zunftarchiv zerstreute sich in alle Winde.

Die letzte Vorsteherschaft hatte die Liquidation des Zunftgutes vorzunehmen:

Zunftmeister Leonhard Ziegler-Gossweiler (1752–1802)

Zunftmeister und Obmann David Ott (1729-1798)

Ratsherr Leonhard Ziegler-Ott (1749-1800)

Ratsherr Dr. med. Hans Caspar Hirzel (1725-1803)

Ratsherr Mathias Roemer-Spöndlin (1710-1799)

Säckelmeister Salomon Hirzel (1727-1818)

Dr. med. Hans Caspar Hirzel (1751-1817)

Amtmann Hans Caspar Hirzel (1756-1841)

Amtmann Salomon Hirzel (1758-1810)

Freihauptmann Salomon Hirzel (1763-1825)

Zunftspfleger Caspar Holzhalb (1750-1823)

Oberst Hans Caspar Keller-Schulthess (1744-1829)

Rechenschreiber Hans Jakob Ott (1762-1809)

Oberst Melchior Römer (1744-1828)

Schiffmeister Hans Rudolf Waser (1732-1810)

Rittmeister Leonhard Ziegler-Ulrich (1724-1804)

Die Zunft war somit damals mit 6 Hirzel, 3 Ziegler, je 2 Ott und Römer und mit je einem Keller, Holzhalb und Waser im Rate vertreten, und sie zählte ca. 100 Mitglieder.

Vom Geist der Zünfte

Im 14. Jahrhundert waren die neu gegründeten Zünfte lebhafte kleine Berufsgruppen gewesen, die nach etwas Neuem strebten. Sie genossen selbstbewusst ihren sozialen Aufstieg, betrieben die politische Annäherung an die Waldstätte und waren von dem noch neuen Interesse an den materiellen Dingen dieser Welt fasziniert. Hartnäckig entrissen sie den in der Konstaffel organisierten alten und reichen Familien eine kleine Machtposition nach der andern. Wohl zeigte sich so um 1500 eine gewisse Ermüdung und ein nur schwacher Widerstand gegen die allgemeine sittliche Verrohung. Doch mit der Reform, welche Zwingli in Zürich anstrebte, identifizierten sie sich beinah geschlossen. Der Zürcher Staat wurde damit etwas recht Ungewöhnliches. Das puritanische Arbeitsethos brachte materiellen Wohlstand und stabile politische Verhältnisse.

Wenn der Zürcher Staat 1798 zusammenbrach und zum ersten Mal, soweit man sich zurückerinnern konnte, fremde Soldaten ungerufen in Zürich einmarschierten, so war dies zum mindesten teilweise auf eine allgemeine Erschlaffung zurückzuführen, von der auch die Zünfte nicht verschont blieben. Die Zünfte waren immer deutlicher nicht mehr auf berufliche Leistung, sondern auf Unterdrückung jeder Konkurrenz aus. Die wirtschaftliche Leistungsfähigkeit verschob sich deshalb eindeutig auf Gebiete, die nicht der Kontrolle durch die Zünfte unterstellt waren.

Dies darf aber die positiven Aspekte der Zunfttradition nicht vergessen lassen. Die Zunft war von Anfang an nicht nur ein wirtschaftlicher Zusammenschluss. Dabei muss man sich an die Herkunft aus den alten religiösen Bruderschaften erinnern. Der Zünfter war nicht nur für das materielle, sondern auch für das geistige Wohlergehen seiner Gesellen, Lehrlinge, Mägde und Knechte, ja seiner ganzen Familie verantwortlich. Aber auch die Zunft als solche war eine Lebensgemeinschaft. In Not geratenen Zünftern hatte man zu helfen. Noch im Jahr 1692 schmolz die Schiffleutezunft etwa einen Drittel ihres Silberschatzes ein, um minderbemittelten Zünftern zusätzliche Nahrung kaufen zu können. Jede Zunft hatte ein Interesse daran, ihr Ansehen innerhalb der Stadt zu fördern.

Bekannt ist, dass die Zünfte das Gerüst für den Wachtdienst und die militärische Verteidigung der Stadt bildeten. Die Zunft war nicht nur eine Wirtschaftseinheit, sondern eine staatspolitische Körperschaft. Hier lernte der junge Zürcher, sich in einer Versammlung auszudrücken. Die Wahl zum Zwölfer war in den meisten Fällen der erste Schritt auf der politischen Stufenleiter. In menschlicher Hinsicht war die Integration in der Zunft ein wichtiger Faktor für die seelische Zufriedenheit. Hier traf man sich zu Freundschaft und Geselligkeit, hier hatte man ein Zuhause.

Die Zunft im 19. Jahrhundert

Von der Mediation zur Eingemeindung 1893

1798, nach dem Zusammenbruch der alten Eidgenossenschaft, galten sämtliche Zünfte als aufgehoben. In der sogenannten Helvetik, der grundsätzlich neuen Staatsschaftsordnung, welche ungefähr drei Jahre überdauerte, war für die Zünfte kein Platz. Das muss als selbstverständlich bezeichnet werden; denn die Aufhebung der Zunftherrschaft war ja ein erklärtes Ziel der ganzen Reformbewegung. Der zentralistischen Staatsform der Helvetik fehlte jedoch die Verankerung im Volk.

Schon mit der Mediationsverfassung von 1803 tat man wieder einen ordentlichen Schritt zurück auf die politischen Verhältnisse vor der Revolution. Auch das Wort «Zunft» hielt wieder Einzug. Freilich in einem neuen Sinn. Um der Landbevölkerung das Gefühl neu erworbener Rechte zu vermitteln, teilte man den Kanton in vier Distrikte und jeden Distrikt in 13 Zünfte. Die Stadt besass ebenfalls 13 «Zünfte» als Wahlkreise für den Grossen Rat (heute Kantonsrat). Die Schiffleutezunft stellte als Mitglied des Grossen Rates den damals 76jährigen Salomon Hirzel (1727-1818), der vor der Revolution das Amt eines Säckelmeisters bekleidet hatte.

Noch ausgeprägter war dann der Wille zur Rückkehr in jenen Jahren, die zu Recht den Namen «Restauration» führen: 1814 bis 1830. Sinngemäss erfolgte 1819 eine formelle Neugründung der Zunft zur Schiffleuten. Erster Präsident, wie man nun den Zunftmeister nannte, wurde Hans Kaspar Weiss-Trachsler. Die Schiffleute konnten 1814 bis 1831 zwei Vertreter in den Grossen Rat entsenden: Es waren dies 1814 Hans Rudolf Römer-Lavater (1775-1821) und der soeben erwähnte Hans Kaspar Weiss (1773-1836). Erst mit der liberalen Verfassung von 1831 büssten die Zünfte alle politischen Rechte auf kantonaler Ebene ein.

Ähnlich verlief die Entwicklung im städtischen Bereich. 1816 schuf man ein städtisches Parlament, den grossen oder erweiterten Stadtrat. Er entsprach weitgehend dem heutigen Gemeinderat. 1816 konnten die Zünfte, je nach der Zahl ihrer Mitglieder, 4-11 Sitze beanspruchen. Die ersten vier Schiffleute, die zu dieser damals wenig gesuchten Würde gelangten, waren der Zunftpräsident, der Zunftpfleger Conrad Esslinger, Professor Leonhard Keller und Schiffmeister Heinrich Reutlinger. In der Stadt behielten die Zünfte diese Rechte bis zur Reform von 1839.

Damals wurde bestimmt, dass jede Zunft auf 30 ihrer Mitglieder einen Abgeordneten in den erweiterten Stadtrat stellen konnte. Dabei ist allerdings zu bedenken, dass der neue Begriff der Zunft als Wahlkörper nicht dem historischen entsprach. Die städtischen Behörden waren gezwungen, Leute, die das Bürgerrecht besassen, irgendeiner Zunft zuzuteilen, damit sie überhaupt zu ihrem Wahlrecht kamen. Dabei blieb es bis 1866 – dem historischen Datum, da die Zünfte auch ihre letzten politischen Rechte verloren.

Dieser grundlegende Wandel stand in Zusammenhang mit der Ablösung der Bürgergemeinde durch die Einwohnergemeinde. Bis 1866 war nur stimm- und wahlberechtigt, wer das Bürgerrecht der Stadt Zürich besass. Infolge der Freizügigkeit, welche sich seit 1798 als ein wesentliches politisches Grundrecht durchsetzte, nahm die Zahl der Einwohner Zürichs, welche zwar ein Kantons- oder Schweizer-, aber kein städtisches Bürgerrecht besassen, stürmisch zu. Die Einführung der Einwohnergemeinde drängte sich auf. Die Gemeindeversammlung fand jeweils in der St. Peterkirche statt. Hier wurden auch die Mitglieder des Kleinen Stadtrates, d. h. der Exekutive, gewählt.

Dabei blieb es bis zum Jahr 1893. Damals erfolgte die grosse Eingemeindung. Nach heftiger Auseinandersetzung vereinigte sich die historische Stadt – nun als Kreis 1 bezeichnet – mit den Nachbargemeinden, die im Laufe des

Jahrhunderts stark gewachsen waren. Die Zahl der Gesamtbevölkerung sprang damit von rund 26 000 auf 107 000. Damit war im wesentlichen der heutige Zustand erreicht. Immerhin kam es 1934 nochmals zu einer bescheidenen Eingemeindung. Damals wurde der «Grosse Stadtrat» in «Gemeinderat» umgetauft.

Die Eingemeindung von 1893 hatte eine Folge für das Zunftleben, an die damals wohl kaum jemand dachte: In den neu mit der Stadt vereinigten, ehemals selbständigen Gemeinden regte sich ein starkes Gefühl, die einstige Selbständigkeit wenigstens in kultureller Hinsicht zu bewahren. Es kam deshalb zu neuen Zunftgründungen. Von den historischen Zünften wurden diese jungen Zünfte begreiflicherweise mit einer gewissen Herablassung betrachtet. In der Folge zeigten die neuen Quartierzünfte viel Opferbereitschaft und Phantasie bei ihrem Bestreben, den einstigen Gemeindegeist wieder aufleben zu lassen.

Dies wiederum zwang die historischen Zünfte zu neuen Anstrengungen, wollten sie nicht von den viel jüngeren in den Schatten gestellt werden. Das Aufkommen der Quartierzünfte und die damit zusammenhängende Rivalität mit den historischen Zünften hat wesentlich zum Aufschwung des Zunftlebens beigetragen.

Die Zusammensetzung der Zunft im 19. Jahrhundert

Die heftigen Stürme, die über das Zürcher Zunftleben nach 1798 hereinbrachen, haben die personelle Zusammensetzung der Zunft stark verändert. Von den 34 Familien, die im Jahr 1790 auf den Schiffleuten zünftig waren, finden sich in einem 1839 vom Stadtrat angelegten Zunftverzeichnis nur noch 17 – also die Hälfte. Es handelt sich um die Familien Engelhard, Hirzel, Holzhalb, Hottinger (B), Keller, Körner, Lochmann, Meyer, Ott, Reutlinger, Römer, Schulthess, Waser, Wolff, Wüest und Ziegler.

Die geradezu stürmische personelle Umwandlung hat sich seither eher noch verstärkt. Von den 1866 in der Schiffleutezunft vertretenen Familien sind nur fünf übriggeblieben: die Waser, Wolff, Brunner, Sprüngli und Guyer. Die da und dort vertretene Meinung, bei den historischen Zünften handle es sich um Gesellschaften, in denen sich alte Familien gegen aussen abschliessen, trifft zum mindesten auf die Schiffleutezunft in keiner Weise zu. Im Gegenteil, es ist erstaunlich, in welchem Mass sich die Zunft personell gewandelt und damit auch immer wieder verjüngt hat.

Natürlich hing dieser starke personelle Wandel auch mit dem Schicksal der Berufe zusammen, welche seit jeher in der Schiffleutezunft vertreten waren. 1835 befuhr das erste Dampfschiff den Zürichsee. Bald sollten die Eisenbahn (1847 wurde die Linie Zürich–Baden eröffnet) und später der Strassenbau die Verkehrsverhältnisse grundlegend ändern. In einer solchen Welt war wenig Platz für Schiffleute. Nicht viel besser ging es den Fischern. Die modernen Transportmöglichkeiten erlaubten den immer rascheren Bezug von Fischen beinah aus der ganzen Welt. Von solcher Entwicklung blieben indirekt auch die Seiler nicht unberührt. Die Karrer und Träger waren schon früher weitgehend von der Bildfläche verschwunden. So war es unvermeidlich, dass die Zahl der Zünfter, welche in den 1336 der Zunft zugewiesenen Berufen tätig waren, immer mehr dahinschmolz.

Die Schiffleutezunft hat im 19. Jahrhundert eine positive Entwicklung genommen. Aus der schweren Krise um 1800 hat man sich Schritt für Schritt wieder herausgearbeitet. Auch der endgültige Verlust politischer Rechte mit dem Jahr 1866 hat, aus der Distanz betrachtet, neue Kräfte geweckt. An die Stelle staatsrechtlicher Funktionen traten kulturelle und gesellschaftliche.

Die Zunftmeister 1819–1903

Aufgrund solcher allgemeiner Feststellungen sollen nun die wichtigsten Persönlichkeiten aus der Schiffleutezunft des 19. Jahrhunderts etwas näher betrachtet werden. Grosse Verdienste um das Wiedererstehen der Schiffleute-

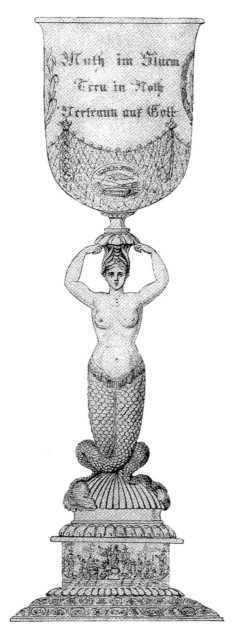

Nereiden-Becher

zunft hat sich Hans Kaspar Weiss-Trachsler erworben. Er gehörte der heute ausgestorbenen Familie Weiss zur Gilgen an, die eine Lilie im Felde führte. Er war ein vielfältig tätiger, sehr geselliger Mann, der auch der Gesellschaft der Schildner zum Schneggen angehörte. Beruflich war er ursprünglich Bezirksrichter, dann Verwaltungsbeamter, insbesondere ein tüchtiger «Oberamtmann». Offensichtlich hatte er Freude an öffentlichen Ämtern, war ein guter Redner und in der Lage, der damals noch um ihre erneuerte Existenz ringenden Zunft Selbstbewusstsein zu vermitteln. Er war es auch, der der Zunft anlässlich seiner Wahl zum Zunftpräsidenten 1819 den von Johann Martin Usteri gezeichneten Nereidenbecher schenkte, der Gästen, die durch eine Redepflicht belastet sind, ein verlässlicher Helfer ist. Der auf dem Becher eingravierte Spruch

Muth im Sturm
Treu in Noth
Vertrauen auf Gott

ist zwar nicht gerade durch sprachliche Eleganz gekennzeichnet, drückt aber die Sorgen der Zeit leichtverständlich aus. Zunftpräsident Weiss überlebte die Stürme von 1830 und präsidierte die Zunft bis zu seinem Tod im Jahr 1836.

Die Nachfolge von Weiss übernahm Hans Conrad Ott von Edlibach zur «Krone» (1775–1858). Er war Bezirksrat

Hans Conrad Ott (1775–1858)

und Grossrat und galt als ein Grandseigneur. Durch seine erste Frau, die aus der reichen Familie Oeri stammte, war er in den Besitz der «Krone» gelangt. Die «Krone», später «Rechberg», am Hirschengraben, war und ist eines der prächtigsten Häuser der Stadt. Es befindet sich heute im Besitz des Kantons Zürich. Ott präsidierte die Zunft bis 1851.

Seine Nachfolge trat Paul Carl Eduard Ziegler «zum grossen Pelikan» (1800–1882) an. Er ist der prominenteste Vertreter der Schiffleutezunft im 19. Jahrhundert. Sein Vater war noch ein erfolgreicher Söldnerchef in holländischen Diensten gewesen, ein Beruf, der im liberalen Zürich nicht mehr denkbar war. Eduard Ziegler hatte aber die militärischen Neigungen seines Vaters geerbt und zunächst in Holland eine militärische Ausbildung genossen. Mit dem Solddienstverbot von 1830 kehrte er nach Zürich zurück und verband politische und militärische Tätigkeiten in ungewöhnlich aktiver Weise. Politisch trat er 1839 als Stadtpräsident im Straussenhandel in Erscheinung, bekleidete die Ämter eines Regierungsrates und eines Nationalrates. In die Schweizergeschichte ging er durch sein geschicktes Verhalten im Sonderbundskrieg als Divisionskommandant ein. Oberst Ziegler war ein Glückspilz, dem eigentlich alles gelang, was er in die Hand nahm. Finanziell verfügte er über eine solide Basis. Das Amt eines Zunftpräsidenten übte er während 25 Jahren,

Paul Carl Eduard Ziegler (1800–1882)

von 1851 bis 1876 aus. Er hat zweifellos dazu beigetragen, das Ansehen der Zunft zu mehren. Als er 1882 starb, war dies für die Schiffleute ein herbes Ereignis.

Welchen Stellenwert Oberst Ziegler bei den Schiffleutezünftern einnahm, mag aus folgendem hervorgehen. Am 8. Januar 1883 versammelte sich die Schiffleutezunft im Foyer des Theaters (der einstigen Barfüsserkirche an der Unteren Zäune), um des im Vorjahr verstorbenen Obersten Eduard Ziegler zu gedenken. Der Saal war mit 110 Teilnehmern, die an festlichen Tischen sassen, bis auf den letzten Platz besetzt. Nach einer Begrüssung durch den Zunftpräsidenten Eduard Brunner wurde eine Büste von Ziegler enthüllt. Darauf hielt der Vizepräsident, Pfarrer Wolff, eine lange Gedenkrede, der die einleitenden Sätze entnommen seien. (Die Rede ist übrigens sprachlich interessant: Der pfarrherrliche Ton mischt sich mit dem patriotischen der Zeit. Sichtbar wird auch das im damaligen Zürich sich regende Selbstbewusstsein, das in der überaus erfolgreichen Landesausstellung von 1883 Ausdruck fand.)

«Meine Aufgabe ist leicht und schwer. Leicht, denn ihr Alle kanntet und liebtet ihn, den Seligen, und ich habe nur sein Bild mit einigen Worten aufzufrischen, und er lebt wieder, wie er war, vor Euern Augen und in Euern Herzen auf, ich habe nur auf einige Augenblicke jenem vor Euch enthüllten steinernen Bilde Leben einzuhauchen.

Aber auch schwer, denn schwer ist's, einen Mann von solcher Bedeutung, von solcher Tiefe und goldenem Gehalt seines ganzen Wesens und Charakters würdig zu zeichnen.

Meine Aufgabe ist übrigens begrenzt. Ich habe nicht zu schildern den Mann, der in seinem Wirken dem engern und weitern Vaterlande als einer der Ersten, Wägsten und Besten angehörte, den Mann, den in seinen hohen Beamtungen im Rathsaal und auf dem Waffenfeld das Vaterland einen seiner edelsten Söhne nannte und nennt, der ein Segen Gottes war in allen Kreisen, wo er wirkte, der überall voll und ganz seinen Mann stellte. Stadt und Kanton Zürich, und das Volk der Eidgenossen kann und wird seinen Ziegler nicht vergessen! Es hat ihn geehrt und wird ihn ehren, dessen war die Beerdigungsstunde mit ihren Trauerschaaren aus allem Volk ein sprechendes Zeugniss.»

Die eher undankbare Rolle von Zieglers Nachfolge übernahm der damalige Quästor Eduard Brunner-Pfister (1833–1896). Seine Vorfahren waren gerade noch zur Zeit der Alten Eidgenossenschaft der Schiffleutezunft beigetreten – er galt also als «Alt-Zürcher». Von Beruf war er Verwalter der 1805 gegründeten Sparkasse der Stadt Zürich. Unter seiner Leitung begann die Tradition, im Kreis der Schiffleute Vorträge halten zu lassen.

Nach ihm folgte 1887 Pfarrer Philipp Heinrich Wolff (1822–1903) im Amt eines Zunftpräsidenten. Er war Pfarrer in Weiningen, Kantonsrat und erster Präsident des

Tierschutzvereins. Vor allem war Pfarrer Wolff ein Vertreter der ganz alten Schiffleutefamilien. So muss es nicht nur als Zufall gewertet werden, dass man unter seiner Leitung zu den traditionellen Titeln zurückkehrte: Der Zunftpräsident wurde nun wieder als Zunftmeister bezeichnet. Es verdient ferner vermerkt zu werden, dass die Zunft zu Beginn der 1890er Jahre einen preussischen Jägermarsch spielen liess, der beim Publikum aussergewöhnlich viel Begeisterung auslöste. Im Zusammenhang mit dem sich langsam festigenden Sechseläutenanlass avancierte er zum offiziellen Sechseläutenmarsch.

Die Entwicklung des Sechseläutens im 19. und 20. Jahrhundert aus der Sicht der Schiffleute

Es ist interessant zu beobachten, wie sich das heutige Sechseläuten im Lauf des 19. Jahrhunderts aus einem spontan gestalteten Gruss an den kommenden Frühling zur festen Form eines Frühlingsfestes der Zünfte entwickelt hat. Gewiss stand von Anfang an das Verbrennen eines Symbols für den Winter oder für sonst etwas «Böses» und «Schlechtes» im Vordergrund. Die Form aber wandelte sich stark. Lange Zeit waren diese Anlässe kaum von Karnevalveranstaltungen zu unterscheiden. Auffallend sind die enormen Anstrengungen, die namentlich nach der Jahrhundertmitte unternommen wurden, um anspruchsvolle Themen bildlich darzustellen. Doch gerade davon kam man etwa um 1900 immer mehr ab und begann sich auf die heutige Form des Sechseläutens zu konzentrieren.

Die Dokumente zum Thema Sechseläuten, welche das Stadtarchiv aufbewahrt, reichen bis in die dreissiger Jahre des 19. Jahrhunderts zurück. Auf die Schiffleute bezogen lässt sich folgendes festhalten: 1820 beteiligten sich die Schiffleute zusammen mit Konstaffel, Meise, Weggen und Gerwe an gegenseitigen Besuchen. Bei Friedrich Vogel[14] heisst es dazu, man habe sich in «zierlichen Zügen» durch die Stadt bewegt. 1838 ritt der Vertreter der Schiffleute unter dem Generalthema «Kriegsvolk aus 10 Jahrhunderten» als Kriegsmann aus der Zeit um 1800 an einem Zug durch die Stadt mit. Dabei sollen die Schiffleute zu den Initianten gehört haben.

1839 kam es erstmals zu einer Veranstaltung, an der alle Zünfte teilnahmen. Unter dem unverfänglichen Thema «Theevisite auf dem Lindenhof in spanischer Tracht» versammelte man sich an solch historischem Ort. Gestaltet war der Umzug von Heinrich Cramer, Metzger und Kunsthändler (1812-1877). Er war nicht nur der grosse Organisator, sondern verstand es auch, die Umzüge in Versform zu erläutern. Am 22. März 1841 stellte man die vier Jahreszeiten dar. Während die Schmiede, Schuhmacher und Schneider den Winter darstellten, vertraten die Schiffleute den Frühlingsanfang. Sie führten ein Schiff mit dem Gott Neptun auf einem vierspännigen Wagen mit, wobei sie den Schluss des ganzen Umzuges bildeten. Das Stadtarchiv bewahrt noch ein Gedicht von Georg Wyss auf, das den Zeitgeist recht gut wiedergibt. In der

---

[14] Friedrich Vogel, Memorabilia Tigurina. Zürich 1841, S. 546.

Biedermeierzeit war die antike Götterwelt auch in den Zürcher Zünften präsent. Die Schiffleute führten den Gott der Seefahrer mit sich und verbanden die Schiffahrt mit dem Frühling. Die Verse lauten:

Und wo mein Reich zu Ende geht,
Ein frischer Frühlingsodem weht,
Wo frei wird jedes Element,
Beginnt Neptuni Regiment.

Fröhlich kommt mit seiner Schaar
Er und stolz gezogen;
Ihm, dem Retter aus Gefahr,
Huldigen die Wogen.

Für 1849 erfand Heinrich Cramer das Thema «Eilwagenreise des Prinzen Carneval durch die alte und neue Welt». Das Ganze hatte sich nun wieder stark dem fasnächtlichen Treiben genähert. Der Zug war ein munterer Narrenzug durch die ganze Welt, wobei man den momentanen Sympathien und Antipathien freien Lauf lassen konnte. Die Thematik war nun so verbindlich geworden, dass die Beiträge der einzelnen Zünfte oft nicht mehr identifiziert werden können.

1850 folgten «Bunte Bilder aus dem 18. Jahrhundert», gleichzeitig als «Fasnachtsspiel» bezeichnet; die Schiffleute, einmal mehr am Schluss, wurden beim Thema

«Nährstand» erwähnt. Kaum als eigene Zunft treten die Schiffleute auch 1851 in Erscheinung – um so gewaltiger war der Anlass aufgezogen: «Es ist nur einmal Jux im Jahr. Nur einmal Sechseleuten.» Und es folgte die Ankündigung «Heute zum erstenmal ganz neu – grosse famose, pompose miraculose Vorstellung – Die Schweizer wie sie sind.» Meise, Weggen und Waag trugen die Hauptlast der Veranstaltung.

Prächtig gestaltet war der auf den 1. Mai 1851 angesetzte historische Umzug zur Feier des 500 Jahre währenden Bundes mit den Waldstätten. Der politische Hintergrund dieser Bekräftigung langer gegenseitiger Treue war vier Jahre nach dem Sonderbundskrieg recht prekär. 1854 wurde das Sechseläuten mit einer Abendunterhaltung aller Zünfte auf dem «Baugarten» begangen. Die Schiffleute lieferten dazu einen Riesenfisch mit viel Konfekt in seinem Innern. Das Sechseläuten von 1856 stand unter dem Thema der Eisenbahnen. Die Schiffleute betreuten zusammen mit Gerwe und Schuhmachern das Kapitel Süd-Ost-Bahn, die von Zürich über Constantinopel nach Pondichery, ja bis nach Sidney führen sollte.

1862 bestand das Sechseläuten aus einem Knabenumzug. Die Schiffleute steuerten, wie es sich gehörte, ein Segelschiff bei, das auf einem Wagen mitgezogen wurde. Im gleichen Jahr fand aber auch ein «Cosmopolitischer Carneval» statt, den Cramer zusätzlich als «fliegendes

Sechseläuten 1854

Blatt aus der Chronik der Mode» bezeichnete. Eine Beteiligung der Schiffleute kann für die sogenannte «2. Abteilung» belegt werden. 1863 stand unter dem Motto «Volksfeste». Da waren die Schiffleute wieder in ihrem Element. Sie stellten eine Gruppe, welche die Hirsebreifahrt nach Strassburg (1576) nachbildete. 1866 kam wieder einmal das Thema «Die vier Jahreszeiten» an die Reihe. Diesmal machten die Schiffleute den Anfang und brachten den Frühling zur Darstellung. Interessant ist, dass 1866 erstmals die «Landzunft Neumünster» am Umzug teilnahm. Natürlich kam der Veranstaltung vom Jahre

1866 besondere Bedeutung zu, fiel sie doch zusammen mit dem endgültigen Verlust politischer Rechte der Zünfte.

Kulturgeschichtlich bemerkenswert war das Sechseläuten von 1870. Man einigte sich auf das Thema «Illustration zur Geschichte des Sächseläutens». Erstmals wird somit das Zürcher Frühlingsfest objektiviert. Man blickt auf die Anfänge im 18. Jahrhundert zurück. Die Schiffleute beteiligten sich zusammen mit Weggen und der neuen Stadtzunft an einer Gruppe, die den Bau des Suezkanals darstellte. Zum Sechseläuten 1872, unter dem Titel «Volksfeste verschiedener Zeiten und Völker», trugen die Schiffleute die Gruppe «Äquatortaufe» bei. Anspruchsvoll wurde man 1875, als man das Sechseläuten unter den Titel «Schiller und Goethe» stellte. Nebenbei bemerkt: Die heute übliche Reihenfolge «Goethe und Schiller» bürgerte sich bei uns erst nach 1900 ein. Verschiedene Szenen aus Werken der beiden Dichter wurden dargestellt. Leider lässt sich die Aufteilung der Bilder unter die Zünfte nicht mehr eruieren.

1880 feierte man das Sechseläuten mit einem Umzug unter dem Motto «Bilder aus der Geschichte Zürichs». Am ehesten hatten die Schiffleute Gelegenheit, sich beim Thema «Klopstocks Lustfahrt nach der Au» in Szene zu setzen. 1882, im Jahre der Eröffnung der Gotthardbahn – und des Todesjahres von Alfred Escher! – verband man das Frühlingsfest mit einem Umzug, der die Eröffnung der

Gotthardbahn feierte. Die Schiffleute stellten die Ankunft der Locarner in Zürich dar. Beim «Jugend-Umzug» des Jahres 1884 wirkten die Schiffleute wieder einmal bei der Gruppe «Badenerfahrt» mit – im übrigen feierte man gebührend die erfolgreiche Schweizerische Landesausstellung von 1883. Weitgehend dem deutschen Carnevalbrauch war dann der grosse Sechseläutenumzug des Jahres 1888 gewidmet, obwohl er unter dem Titel «Volksfeste aus verschiedenen Kantonen» stand. Die Schiffleute steuerten die Tellenfahrt mit dem Urinauen, dem Schwyzer- und Unterwaldnerschiff bei. Von diesem Sechseläuten haben sich, wohl erstmals, Fotografien erhalten.

1890 fand anlässlich der Einweihung der beiden neuen Schulhäuser an der Ilgenstrasse in der Gemeinde Hottingen ein Jugendfest mit Umzug statt, für das J. C. Heer einen wortreichen Text verfasste. Doch sparte man die Kräfte in diesem Jahr für den grossen Festzug des Jahres 1891 zur Sechshundertjahrfeier des Eidgenössischen Bundes. Die Schiffleute leisteten ihren Beitrag zusammen mit Saffran und Zimmerleuten in der Gruppe «Hochzeit des Jacob von Cham mit Verena Wirz von Erlenbach und Wädenswil 1556» – ein Ereignis, das seither der Erinnerung weitgehend entschwunden ist.

1894 gab es «Ernste und heitere Bilder aus der Geschichte des Reisens» zu sehen. Die Schiffleute fanden ihre angemessene Rolle mit einem «Kolumbus-Schiff». Nach beträchtlicher Pause wurde 1897 das Sechseläuten mit einem «Grossen Jugendumzug, darstellend die Jugend in der Geschichte und im Märchen» gefeiert. Die Zunft zur Schiffleuten stellte die Gruppe mit dem langen Titel «Das athenische Festschiff ‹Mythos› mit vornehmen Knaben, welche Weihgeschenke zum Apollo-Tempel auf Delos bringen». 1898 verzichtete man auf einen besonderen Sechseläutenumzug, da am 25. Juni ein eindrucksvoller, historischer Umzug zur Eröffnung des Landesmuseums stattfand.

Dafür gab es 1902 wieder einmal einen richtigen Sechseläuten-Festzug unter dem Titel «Vom hoh'n Olymp

| Sechseläuten 1902 | Neptun und Amphitrite | Matrosen verschiedener Nationen, Gondolieri | Eskimo Nordpolfahrer |

Wasserrosen, Korallen Seesterne — Admiral mit Gefolge

Sechseläuten 1906

herab». Erstmals fuhr als besondere Attraktion ein Automobil mit. Die Schiffleute bestritten sinngemäss die Gruppe X mit dem Stichwort Neptun. Man beteiligte sich aber auch an einer «Allegorie des Zürichsees» und am Thema «Pfahlbauer».

1906 beging man das Sechseläuten mit einem Umzug unter dem Motto «Zürich im 19. Jahrhundert». F. Boscovits Vater und Sohn haben uns ein prächtiges Album von diesem Ereignis hinterlassen. Allerdings herrschte übles Regenwetter, und die «Minerva», welche von den Schiffleuten mitgeführt wurde, fühlte sich in ihrem Element.

Ein heute noch eindrucksvolles, voluminöses Buch (Vater und Sohn Boscovits) zeugt vom grossen Aufwand, der 1910 für den Sechseläutenumzug «Bildende Künste», im Zusammenhang mit der Eröffnung des Kunsthauses am

Pfauen, getrieben wurde. Die Schiffleute übernahmen die Gruppe «Appenzeller Alpstubete». Freude lösten beim Publikum die prächtigen Appenzeller Trachten und die auf einem Wagen spielende Appenzellermusik aus.

Das Sechseläuten vom 20.4.1914 stand zu Recht unter dem Zeichen der neuen Zürcher Universität. Der Festzug bot einen Überblick über die gesamte Kulturgeschichte, beginnend bei den Ägyptern, endend bei der Universität der Gegenwart. Die Schiffleute nahmen sich wieder einmal des offenbar unerschöpflichen Themas «Klopstocks Fahrt auf die Au» an und bauten es in den grossen Rahmen «Literarisches und Studentenleben im 18. und 19. Jahrhundert» ein.

Sechseläuten 1914

Inzwischen hatte sich für das Sechseläuten die heute gültige Form mehr oder weniger durchgesetzt. 1903 wurde der Böögg erstmals im Fraumünsterquartier verbrannt. Nachdem die alte Tonhalle abgetragen worden war, bürgerte sich als Standort für das Verbrennen eines Symbols die grosse Wiese zwischen Bellevue und Theater ein. 1948 wurde sie offiziell Sechseläutenwiese benannt. Mit der Jahrhundertwende gehören auch die wechselnden Motive des Bööggs der Vergangenheit an. Man bleibt definitiv beim Wintersymbol.

Noch deutlicher zeigte sich die Festigung der Sechseläutenform im Verzicht auf jährlich wechselnde Generalthemen. Immer klarer wird der Wille, am Sechseläuten hätten die Zünfte nichts anderes als sich selbst, ihre Vergangenheit bzw. die Geschichte ihrer Quartiere darzustellen. So ist es zu verstehen, dass letztmals 1926 ein Festzug unter einem allgemeinen Motto, «Gottfried Keller und Conrad Ferdinand Meyer», durchgeführt wurde. Die Schiffleute trugen dazu eine Gruppe nach dem Roman «Martin Salander» bei. Besonders auffallend ist, dass 1936, als die 600 Jahre des Bestehens der Zürcher Zünfte zu feiern gewesen wären, kaum ein besonderer Anlass durchgeführt wurde. Die Begründung ist einfach: Man befand sich in einer schweren wirtschaftlichen, aber auch politischen Krise. Die Zünfte fanden wenig Veranlassung, ein grosses Fest zu feiern.

Anlässlich des Jubiläums 600 Jahre Zugehörigkeit Zürichs zur Eidgenossenschaft (1951) hingegen bestand Grund genug, dankbar auf die Bewahrung im Krieg und gleichzeitig optimistisch in die Zukunft zu schauen. Die Zünfte wetteiferten im Bemühen, historische Persönlichkeiten und Bilder wieder aufleben zu lassen. Die Schiffleute wählten einmal mehr das Thema der Hirsebreifahrt nach Strassburg.

Seither ist es nie mehr zu einem speziellen Sechseläutenthema gekommen. Die Einsicht setzte sich durch, die Zünfte seien sich selbst Thema genug. Dies wirkte sich auch im Jahre 1986 aus, als man das 650jährige Bestehen der Zürcher Zünfte feierte. Man zeigte lediglich eine Gruppe historischer Zürcher Persönlichkeiten, 52 insgesamt. Das Sechseläuten findet heute seinen Sinn in sich selbst. Von den Karnevaltendenzen des 19. Jahrhunderts hat man sich weit entfernt. Die Zünfte sehen ihre vornehmste Aufgabe in der Pflege der eigenen Tradition. Die Schiffleute selber geben zu diesem Trend ein vorzügliches Beispiel: Durch das Schifferstechen führen sie dem Zürcher Publikum eine wiederbelebte einstige Berufstradition vor Augen.

Die Zunft im 20. Jahrhundert

Von 1900 bis zum Ende des Ersten Weltkriegs

Als Philipp Heinrich Wolff im Alter von 81 Jahren als amtierender Zunftmeister verstarb, da befand man sich im Jahr 1903. Am Beginn dieses Jahrhunderts blickte man optimistisch in die Zukunft. Nicht zuletzt in den meist wohlhabenden bürgerlichen Kreisen, aus denen sich die Zünfter rekrutierten, war die Begeisterung für technischen Fortschritt und unbegrenztes Wachstum ausgeprägt. Die Erfahrungen mit einem Pfarrer als Zunftmeister waren offenbar so gut, dass man sich gleich wieder für einen Gottesgelehrten entschied. Die Wahl fiel, nachdem Rudolf Sprüngli-Schifferli auf das Amt verzichtet hatte, auf Eduard Brunner in Uzwil (St. Gallen). Er war der Sohn des früheren Zunftmeisters gleichen Namens. Zuvor hatte er in Grüningen und Veltheim als Pfarrer gewirkt. Er übte das Zunftmeisteramt von 1904 bis 1913, also während neun Jahren aus. Unter seiner Leitung schuf man 1908 ein neues Zunftabzeichen. Zu vermerken ist ferner, dass man während Eduard Brunners Amtszeit eine Statutenrevision vollzog. Erstmals wurde es nun möglich, neben Stadt- und Kantonsbürgern auch weitere Schweizer Bürger in die Zunft aufzunehmen.

Ferner scheint in diesen Jahren der guten wirtschaftlichen Konjunktur die Spendefreudigkeit der Zünfter zugenommen zu haben. Die Familie Sprüngli beglückte die Zünfter immer wieder in grosszügiger Weise mit Süssigkeiten. Die Familie Denzler pflegte den Zunftsaal mit Netzen, Rudern und weiterem Gerät auszuschmücken. Die Buchdrucker Paul Müller, Vater und Sohn, steuerten sehenswerte Einladungskarten bei. Die Schiffleute halfen solchen Tugenden manchmal etwas nach, indem sie besonders spendefreudigen Mitzünftern den Titel eines Ehrenzunftmeisters verliehen. In den Genuss so hoher Auszeichnung kam 1905 Carl Ziegler-Wegmann «zum Pelikan», der von 1893 bis 1905 das Amt des Statthalters ausgeübt hatte. Dabei mag wohl auch eine Rolle gespielt haben, dass er der Sohn des immer noch unvergessenen Obersts Eduard Ziegler war. 1925 widerfuhr Friedrich Egli, der von 1913 bis 1917 das Amt des Statthalters ausgeübt hatte, die gleiche Ehre. 1936 schliesslich wurde David Robert Sprüngli-Baud zum Ehrenzunftmeister ernannt. Auch in diesem Fall honorierte man eine grosszügige Spendefreudigkeit, wobei man gleichzeitig zum ersten Mal seit 1820 eine 60jährige Zugehörigkeit zur Zunft feiern konnte.

Doch zurück zum ordentlichen Gang der Dinge: 1913 trat Rudolf Sprüngli-Schifferli (1847–1926) das Amt des Zunftmeisters an. Dabei verdient vermerkt zu werden, dass der 81jährige Pfarrer Wolff das Amt dem erst 30jährigen Eduard Brunner und dieser im Alter von 39 Jahren das Amt an seinen 66jährigen Nachfolger übergab. Mit Rudolf Sprüngli gelangte eine Persönlichkeit an die Spitze der Zunft, deren Familie sich bereits schöne Verdienste erworben hatte. Seine Amtszeit fiel praktisch mit dem Ersten Weltkrieg zusammen. Es waren also Jahre starker militärischer Inanspruchnahme vieler Zünfter.

Die Jahrzehnte nach dem Ersten Weltkrieg

1919 übergab Rudolf Sprüngli das Zunftmeisteramt an Professor Ernst Waser (1887–1941). Damit übernahm erstmals seit der Neugründung der Zünfte ein Hochschulprofessor und gleichzeitig der Vertreter einer ganz alten Schiffleutefamilie das Szepter. Er übte das Amt eines Kantonschemikers aus und las an der Universität zum Lehrgebiet Organische und Lebensmittelchemie. Ernst Waser war eine Persönlichkeit mit weit gestreuten Beziehungen und Interessen. Er verstand es, attraktive Referenten zu gewinnen. So berichtete der auch heute noch geachtete Flieger Walter Mittelholzer zweimal über seine damals wagemutigen Flüge. 1920 entschied man sich zur Gründung einer Kostümgruppe, die sich im Lauf der folgenden Jahre mächtig ausweitete. Aus dem gleichen Jahr stammt auch der Brauch, am Sechseläuten-Dienstag einen Ausflug über Wasser und Land zu unternehmen. Unter Ernst Waser festigte sich ferner die Tradition, die

«Heinrich Wirri Zunft» in Aarau und die «Société de l'Arquebuse et de la Navigation» aus Genf an Anlässe der Schiffleute einzuladen.

Ernst Waser (1887–1941)

1931 trat Ernst Waser das Zunftmeisteramt an Hermann Sprüngli-Blumer (1891–1956) ab. Hermann Sprüngli war ein eigenwilliger, origineller und bald stadtbekannter Zunftmeister. Mit unermüdlicher Aktivität hielt er das Zunftschiff in steter Bewegung. Aber auch ihm blieben schwierige Jahre nicht erspart. Als 1939 die zweite allgemeine Mobilmachung der Armee in diesem Jahrhundert erfolgte, rückten mehr als die Hälfte der Zünfter ein. Es ist klar, dass damit auch das Zunftleben litt. Um so erfreulicher war die neue Tätigkeit der Zünfter-Gattinnen, welche für die Wehrmänner fleissig nähten und strickten. Zu verzeichnen ist auch das Jubiläum der 100jährigen Zunftzugehörigkeit der Familie Sprüngli. Zu diesem Anlass steuerte die Zunft einen hübsch gestalteten Forellenbecher bei, und die Familie bedankte sich dafür mit einem Tafelaufsatz «Spiel der Nixen und Wellen».

Es ist hier der Ort, kurz über die Geschichte der Familie Sprüngli zu berichten. Die Sprüngli sind eine alte Zürcher Familie, mit einem Stamm schon vor 1300 in Zürich verbürgert, mit einem Zunftmeister schon 1375 im Kleinen Rat vertreten. Im 16. Jahrhundert nahm die Familie in der Herrschaft Andelfingen Wohnsitz, stellte dort Landschreiber, Gerichtsvorsitzende und Hauptleute und war in verschiedenen Handwerken tätig. David Sprüngli kam 1797 nach Zürich, erlernte dort das Handwerk eines Zuckerbecks, kaufte an der Marktgasse 6 (heute Bianchi) die Zuckerbäckerei Vogel und führte dieses Geschäft unter dem Namen «Zuckerbäckerei David Sprüngli & Sohn» weiter. Die Familie betrieb hier seit 1845 die maschinelle Herstellung von Schokolade und errichtete zwei Jahre später eine kleine Fabrik in Horgen. 1838 erwarb sie sich wieder das Zürcher Bürgerrecht. Im Sommer 1859 eröffnete Rudolf Sprüngli (geb. 1816) die Konditorei am Paradeplatz. 1870 wurde die Schokoladefabrik in die Werdmühle verlegt, 1898 nach Kilchberg.

Forellen-Becher

152

Hatte die Zunft wie alle anderen während der Kriegsjahre manche Einschränkung in Kauf nehmen müssen, so freute man sich seit 1945 um so mehr an der unerwarteten Hochkonjunktur und an den friedlichen Jahren nach so viel kriegerischen Wirren. Im Jahr 1951 beging Zürich die 600-Jahr-Feier des Bündnisses mit den Eidgenossen. Auch das Sechseläuten stand im Zeichen dieses vaterländischen Ereignisses. Zudem hatte die Schiffleutezunft Anlass zu einem Jubiläum: 20 Jahre Zunftmeister Hermann Sprüngli. Zu diesem Anlass hatte Hermann Sprüngli die Herausgabe einer Zunftgeschichte veranlasst. Als Verfasser wirkte Dr. h.c. Hans Schulthess, dessen Werk auch aus der Distanz von bald vier Jahrzehnten höchstes Lob verdient.

Bundesrat Dr. Giuseppe Motta und Zunftmeister Hermann Sprüngli (Sechseläuten 1938)

Die letzten dreissig Jahre

Hermann Sprüngli starb – völlig unerwartet – im Februar 1956, im Alter von 65 Jahren, während eines Ferienaufenthaltes in Arosa. Die Nachfolge war nicht so leicht zu regeln. Wohl stand schon seit längerer Zeit Hermann Sprünglis Neffe Richard im Vordergrund. Richard Sprüngli konnte sich im damaligen Zeitpunkt jedoch nicht zur Übernahme des Zunftmeisteramtes bereitfinden. Man suchte deshalb nach einem Ausweg. Als Lösung bot sich die Wahl des bisherigen langjährigen und ausserordentlich bewährten Statthalters Paul Gysin an. Freilich näherte sich Paul Gysin (1887–1966) schon dem 70. Altersjahr; es konnte sich also nur um eine Übergangslösung handeln. Der neue Zunftmeister genoss bei den Schiffleuten viele aufrichtige Sympathien. Man kannte ihn als einen bewährten Alpinisten, und man schätzte seine Zuverlässigkeit, die er auch in seinem Beruf als Sekretär der kantonalen Steuerrekurskommission vielfach bewiesen hatte. Dennoch war es alles andere als einfach, die Nachfolge des stets regsamen Hermann Sprüngli anzutreten. Paul Gysin entledigte sich seiner Aufgabe jedoch untadelig – und sah sich dabei selber als Übergangslösung.

Schon auf das Sechseläuten von 1958 hin übernahm sodann Richard Sprüngli, von seinen Mitzünftern «Richi»

Paul Gysin (1887–1966)

genannt, das Zunftmeisteramt. Die zwölf Jahre, die er als Zunftmeister an der Spitze der Zunft verbrachte, stellen eine überaus positive Epoche im Leben der Zunft dar. Im Gegensatz zu manchem anderen Zunftmeister seiner Generation hielt er sich persönlich gern zurück. Er kam immer gut vorbereitet an die Zunftanlässe, führte als Redner eine

Richard Sprüngli (geb. 1916)

feine Klinge und vermied die sogenannte «untere Schublade». Grosszügig lud er vor dem Kinderumzug vom Sonntag vor dem Sechseläuten die teilnehmenden Kinder zu einem Mittagessen ein, als er sah, dass das Interesse an diesem Anlass zu wünschen übrigliess. Selbstverständlich setzte Richi Sprüngli die Tradition fort, wonach die Firma Sprüngli jedem Zünfter zum Martinimahl einen Tirggel schenkte. Die am Sechseläuten mitmarschierenden 50–60 Kinder erhielten jeweils ein Dessert, und auch sonst gab es manche Gelegenheit, da Richi Sprüngli, ohne grosse Worte zu machen, finanzielle Löcher stopfte. Seine Grosszügigkeit wirkte immer wieder beispielhaft. So sei neben den schon erwähnten Spendern auf Valentin Lichtlen und seine Familie hingewiesen, die jeweils die unentgeltliche Abgabe von Fischen organisiert.

Anlässlich seines ersten Sechseläutens als Zunftmeister (1958) hielt Richard Sprüngli eine programmatische Rede, die auch heute noch, nach rund 30 Jahren, in ihren Grundgedanken aktuell ist. Ausführlich sprach er von der Wahrung zürcherischer Tradition. Jedoch fügte er gleich bei, Tradition heisse «Feuer erhalten und nicht Asche aufbewahren». Und er ruft seine Mitzünfter auf: «Wir müssen diejenigen sein, die Zürich das Gesicht geben.» Richard Sprünglis Hauptsorge war es, das Niveau der Zunft hochzuhalten. Deshalb bemühte er sich sehr um die Aufnahme interessanter Persönlichkeiten. Dabei gab er nicht ungern einem wertvollen Kandidaten von aussen gegenüber einem Zünftersohn den Vorzug, um für Blutauffrischung zu sorgen. Im weitern betonte er unermüdlich sein Anliegen, Zürich dürfe nicht nur ein Finanz- und Wirtschaftszentrum sein, sondern habe seiner kulturellen Tradition Sorge zu tragen. Seine militärischen Pflichten erfüllte er zuletzt als Platzkommandant von Zürich. 1976 wurde er zum Ehrenzunftmeister gewählt. In einem gewissen Sinn war und ist Richi Sprüngli die Seele der Zunft zur Schiffleuten, auch wenn er nicht mehr allzuoft in Erscheinung tritt.

Es war denn auch keine leichte Aufgabe, die Nachfolge von Richi Sprüngli anzutreten. In besonderem Mass geeignet schien der Zunft Dr. Rudolf Farner, der Richi Sprüngli 1971 ablöste. Rudolf Farner (1916–1983) war ein typischer Vertreter der Aktivdienstgeneration. Schon als junger Mann erwarb er sich Verdienste um den Aufbau des militärischen Vorunterrichts im Kanton Zürich. Mit Leib und Seele war er Offizier; er befehligte schliesslich das Zürcher Gebirgsschützenregiment 37. Aber auch ausserdienstlich setzte er sich unentwegt für den Ausbau der Schweizer Landesverteidigung ein und scheute dabei keine Auseinandersetzung mit Kreisen, die der Armee kritisch gegenüberstanden. Beruflich konnte er auf eine ausserordentlich erfolgreiche Karriere in der Werbebranche blicken. Während vieler Jahre galt er in der Schweiz als der prominenteste Vertreter seiner Berufsgattung. Rudolf Farner trug wesentlich dazu bei, dass Zürich zum unbestrittenen Zentrum der Schweiz für die Werbe- und Public-Relations-Branche wurde. Frühzeitig erkannte er aber auch grosse kommende Aufgaben. So setzte er sich als einer der ersten für einen intensiven Gewässerschutz ein. Rudolf

Rudolf Farner (1916–1983)

Farner war aber auch eine Persönlichkeit voller Widersprüche, hochintelligent und gewinnend, dann auf einmal wieder ironisch und sarkastisch.

In der Zunft machte er schon frühzeitig durch unkonventionelle Auftritte von sich reden. In Erinnerung ist zum Beispiel ein unter seiner Führung erfolgter «Saubannerzug» zur Schmidenzunft nach dem Sechseläuten vom Jahr 1952. In frühen Morgenstunden attackierte er dort den gefürchteten Zunftmeister Hans Rudolf Schwyzer, bis ihm dieser barsch das Wort abschnitt. Seine Zunftmeisterreden waren meist sorgfältig vorbereitet. Er konnte es sich deshalb leisten, sie in zwei Bänden unter dem Titel «Zunftmeisterliches» zu drucken. Entsprechend empfindlich reagierte er, wenn Zunftbesucher auf der Schiffleuten langweilige Reden hielten. Schliesslich versandte er ein Rundschreiben an alle Zunftmeister und rief sie dazu auf, für bessere Redner besorgt zu sein. So gut begründet dieser Aufruf war, «Fänsch» schuf sich damit nicht nur Freunde. Bei vielen Gelegenheiten glänzte er als grosser Geschichtenerzähler. Dabei wollte er gar nicht, dass man ihm seine Geschichten glaubte, man sollte sie einfach gut finden.

Als Nachfolger von Fänsch Farner, der am Martinimahl 1983 zum Ehrenzunftmeister ernannt wurde, amtet seit März 1983 Hans Wysling. Mit seinen beiden Vorgängern hat er die Qualifikation eines Obersten gemeinsam. Er war

Hans Wysling mit Oberst Eduard Ziegler und Hans Rudolf Werdmüller
(Sechseläuten 1986)

Kommandant des Infanterieregiments 54 und zuletzt Ausbildungschef der Felddivision 6. Als Ordentlicher Professor für deutsche Literatur an der Universität verfügt er über eine weite Bildung und eine gute Kenntnis der lokalen Kulturgeschichte. Schon bald erkannten die Schiffleute seine Begabung als witziger Redner. Auch konnte niemand seine hünenhafte Gestalt, d.h. den typischen Schiffleutemann, übersehen. So drängte sich die Wahl zum Zunftmeister auf. Schon als Mitglied der Vorsteherschaft hatte sich Hans Wysling für die Einführung des Schifferstechens (1979) eingesetzt. Dieser Anlass dürfte einen der

Hirsebreifahrt 1986. Ankunft in Strassburg

wesentlichsten Beiträge zum Zürcher Zunftleben aus den letzten Jahrzehnten darstellen. Des weitern erwirkte Hans Wysling 1984, dass am abendlichen Auszug jeder Zünfter eine Laterne mitträgt, was das Erscheinungsbild der Zunft sicher verbesserte. 1985 beteiligten sich die Schiffleute am Erwerb des Zürcher Nelkenmeisters, den die Zürcher Zünfte dem Kunsthaus schenkten. Mit Interesse hat Hans Wysling an der Gestaltung des Jubiläumszugs von 1986 mitgewirkt. Die Zunft stellte zwei Persönlichkeiten aus der Zürcher Geschichte: General Hans Rudolf Werdmüller (Gusti Engeler) und Oberst Eduard Ziegler (Olivier Burger). Selbstverständlich waren die Schiffleute auch die Hauptbeteiligten an der Hirsebreifahrt, die vom 14. bis 17. August 1986 stattfand. Unter Führung des Zunftmeisters nahmen 24 stramme Zünfter daran teil. Nächstens soll auf dem Zunftschiff wieder ein dampfender Hirsebrei mitgeführt werden.

Die Zunft zur Schiffleuten heute

Wie alle anderen Zünfte hält sich auch die Schiffleutezunft an eine ziemlich fest verankerte Reihe von jährlich wiederkehrenden Anlässen. Formell wichtigster Anlass ist das Hauptbott im März. An ihm werden alle Zunftgeschäfte geregelt: Wahlen, Aufnahmen, Abnahme der Jahresrechnung usw. Im Oktober, Dezember und Februar besammelt sich die Zunft zu den Botten. Im Mittelpunkt dieser Anlässe stehen Referate zu aktuellen oder historischen Themen.

Unter den Festen ist natürlich das Sechseläuten das bedeutendste. Es werden dazu Delegationen einer Kantonsregierung, einer Seegemeinde und hohe Militärs eingeladen. Das Sechseläuten ist bei den Schiffleuten ein Anlass, der mehrere Tage umfasst. Eine stattliche Zahl von Zünftern besucht am Samstag vor dem Sechseläuten den allgemeinen Sechseläutenball. Am Sonntag folgen Frühschoppen und Kinderumzug. Das Fest selbst beginnt am Montag um 11 Uhr und endet irgendwann in des Dienstags Frühe. Unentwegte versammeln sich gegen Mittag zu einer Fahrt über «Land und Wasser». Auf den Mittwochabend ist das Hechtmahl angesetzt; da werden die am Sechseläutenumzug gezeigten Hechte verspeist.

Im Sommer findet ein Ausflug mit Damen statt. Meist wird ein historisches Städtchen besucht; alle paar Jahre trifft man sich auch zu einer Wasserfahrt.

Das Martinimahl begeht die Zunft seit 1907 in der heutigen Form. Eingeladen werden Vertreter eidgenössischer Zünfte, z.B. der Heinrich Wirri Zunft zue Arau der Stadt, und eine Delegation der Singstudenten. Man geniesst eine mehr oder weniger zarte Martinigans und lauscht den Reden der Gäste. Der Zunftmeister spricht meist über einen historischen Gegenstand, zum Beispiel über die Seeschlachten auf dem Zürichsee, über berühmte alte Zürcher, über Zürcher Bräuche. Nach der feierlichen Aufnahme neuer Zünfter und Stubengesellen folgt ein fröhlicher zweiter Teil, der meist aus einem Wettschiessen besteht.

Zum Fischessen im Januar werden die Delegationen von zwei Zürcher Zünften eingeladen. Die Zunftstube bietet ihr Bestes, auch die eingeladenen Zunftmeister. Thema des Referats ist der Fisch. Unglaublich, was sich alles über ihn sagen lässt: Der Fisch in der Religion, der Fisch in der Malerei, in der Literatur, der Fisch als naturwissenschaftliches Objekt (sein Nervensystem, seine stammesgeschichtliche Einstufung), der Fisch in der Gastronomie – alle diese Themen sind schon behandelt worden. Dazu kommen Betrachtungen zum Fischer und zum Schiffer: Fischzucht, Fischfang, die Transporte auf dem Zürichsee, auf der Limmat, die Pilgerfahrten, die Badenfahrten usw.

Das Schifferstechen

1979 nahm die Schiffleutezunft den alten Brauch des Schifferstechens wieder auf.[15] Es ist in Zürich durch die Abbildung auf dem Murerschen Stadtplan von 1576 belegt. Man sieht da die beiden Wasserritter unterhalb des Helmhauses aufeinander zufahren. Die «Lanze» eingelegt, zum Stoss bereit, sitzen die Stecher auf den vom Bug nach vorn ragenden Brettern, ihren Ersatzpferden. Die nächste Sekunde wird die Entscheidung bringen: Wer drückt wen von seinem schwimmenden Schlachtross?

Fischer- oder Schifferstechen gab es im Mittelalter in fast allen Fluss- und Seestädten Europas: auf dem Rhein, dem Neckar, dem Main, auf der Elbe und der Donau. In Frankreich wurde es auf der Seine und der Rhone gepflegt, in London auf der Themse, in Venedig auf dem Canal

---

[15] Wir folgen der Darstellung von Hans Wysling, Das Zürcher Schifferstechen. In: Turicum, Vierteljahrsschrift für Kultur, Wissenschaft und Wirtschaft, Sommer 1979.

Grande. Aber auch in Holland, Belgien und Dänemark war es populär. Und die Schweiz? Hier berichten die Überlieferungen von Stechen in Genf, Ouchy, Vevey und Estavayer-le-Lac.

In deutschsprachigen Ländern nannte man das Spiel Schiffer- oder Fischerstechen, aber auch die Bezeichnungen Lanzenstechen, Wasserstechen, Wasserstossen, Schiffer- oder Wasserturnier hatten sich eingebürgert. In Frankreich hiess das Spiel «la joute dans l'eau» oder einfach «la joute». Die Engländer sprachen von «boat joust», «boat tournament» oder «tilting on the water». Die älteste Urkunde, die wir zum Schifferstechen besitzen, ist ein englischer Kupferstich aus dem 14. Jahrhundert. Er wird in der Royal Library aufbewahrt. Aus einer Stadtbauhofrechnung von 1498/99 der Stadt Bamberg geht hervor, dass das Geländer der unteren Brücke beim Fischerstechen vom Volk zerbrochen worden sei. Von weiteren Stechen berichten Urkunden aus Meissen (1501) und Würzburg (1508). In den Ulmer Ratsprotokollen wird das Stechen erstmals 1545 erwähnt. In des Olaus Magnus nordischer Kulturgeschichte «Historia de gentibus septentrionalibus» von 1555 lesen wir:

«Es gibt auch eine andere Art von Turnieren, die zur See vor sich gehen, wo sie oft zum allgemeinen Zuschauen aufgeführt werden. Sie gehen so vor sich, dass zwei Seeleute, mit Lanze und Schild bewaffnet, im Achterende ihrer Boote stehen und dabei

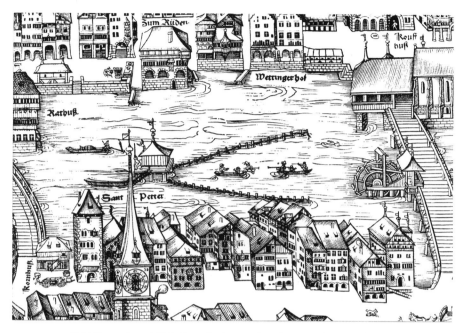

Schifferstechen 1576 (Ausschnitt aus dem Murerischen Stadtplan)

zusammenstossen, wenn ihre Kameraden, die an den Rudern sitzen, mit gewaltsamer Fahrt die Boote aufeinander zurudern. Hierbei haben jedoch beide aus Sicherheitsgründen eine lose hängende Leine um den Leib gebunden, so dass sie nicht ertrinken können, wenn sie ins Wasser fallen, sondern sofort wieder hochgezogen werden. Wenn beide auf einmal ins Wasser fallen, stellen sie sich, jeder in seinem Achterende, wieder auf, um mit noch grösserem Eifer den Kampf nach dem erstrebten Sieg fortzusetzen, und sie halten nicht inne, ehe dieser nicht einem von ihnen zufällt, oder auch wenn beide den gleich grossen Erfolg haben, wenn der Streit durch Vergleich belegt wird. Diese Art von Turnieren pflegt aus folgenden oder ähnlichen Gründen stattzufinden: Entweder werden sie zur Übung unternommen oder zur Bestrafung von Seeleuten, die sich irgendeines Vergehens schuldig gemacht haben, damit diese, die sich am Wasser in Wort oder Tat vergangen haben, im Wasser beschämt werden können. Oder sie finden auch im Hafen statt, wenn ein ungünstiger Wind die Schiffe zwingt, vor Anker zu liegen, oder vor den Augen des Fürsten, damit er sehen kann, welche starken, tüchtigen und mutigen Seeleute an diesen Turnieren teilnehmen und wie geübt sie in der Tauchkunst sind, dass sie, wenn es notwendig ist, das heraufholen können, was auf den Grund des Meeres gesunken ist. In einem solchen Zweikampf sind jedoch immer jene die Tüchtigsten, denen die Schwimmkunst sozusagen angeboren ist, da sie diese von ihrer frühesten Jugend an geübt haben; so brauchen sie kein Seil um den Leib, um sich helfen zu lassen.»

Zum Stechen wurde jeweilen an den grossen Jahresfesten der Zünfte angetreten. Sie fielen häufig auf die Fasnacht, den 1. Mai, Pfingsten oder den Namenstag des Zunftpatrons. In Ulm drängte der Rat 1616 auf die Verlegung des Stechens vom Aschermittwoch in die wärmere Jahreszeit. Zu Ehren hoher Gäste wurden Stechen aber auch ausserhalb des Zunftkalenders durchgeführt, in Ulm zum Beispiel 1550 vor Karl V., in Würzburg 1755 anlässlich der Konsekration des Fürstbischofs, in Amsterdam beim Einzug des Prinzen Wilhelm I. im Mai 1780. Die Stechen wurden häufig mit Umzügen der Fischer und Fischerinnen eingeleitet, bei festlich geschmückten Strassen, beflaggten Kirchen und Häusern und unter grosser Anteilnahme der Bevölkerung.

Auch die Schiffer und Fischer wollten ihr Turnier haben. Das Schifferstechen ist also ein verbürgerlichter Abkömmling des Ritterturniers. Im Mittelalter und zur Reformationszeit pflegten die Kämpfenden mit Brünne, Helm und Schild zum Stechen anzutreten. Die Ulmer Schiffer haben gar mit spitzigen Lanzen gekämpft. Sie trugen Harnische, die 60 Pfund schwer waren. Das erwies sich beim Stossen als lästig und gefährlich, so dass es schliesslich von der Obrigkeit untersagt wurde. Auch aus Westminster wird von Unglücksfällen berichtet: 1536 sollen dort zwei voll gerüstete Kämpfer ertrunken sein.

Ganz wie zu Pferd liess sich also das Turnier auf dem Wasser nicht durchführen. Man ging deshalb dazu über, ohne Harnisch und Helm, auch ohne Schild zu kämpfen. Das wieder hatte zur Folge, dass die Lanzen abgestumpft werden mussten. Sie sind heute meist mit einem Lederpuffer versehen. Die Stangen sind zwischen 16 und 18 Fuss lang. Ein Querholz am hintern Ende wird gegen die Brust gedrückt, damit der Stoss besser aufgefangen werden kann. Häufig wird zur Sicherheit ein Stosskissen angelegt. Die Stangen dürfen nicht zu dünn sein, da sie sonst zerbrechen. Johann Fischart berichtet aus Strassburg: «In der Fassnacht brechen die Fischer auch Stangen im Schiffthurnier.»

Auch das Zeremoniell ist zum Teil vom Ritterturnier übernommen. Fanfarenstösse oder Kanonendonner künden die Auffahrt an. Kampfgericht, Zuschauer und Gegner werden durch Senken der Lanze begrüsst. Dann folgt, von Trommelwirbeln begleitet, der eigentliche Kampfgang. Die Boote fahren aufeinander zu, die Stecher richten die Lanzen auf des Gegners Brust. Nicht nur der Stoss des Gegners, auch der Gegendruck des eigenen Stosses kann sie aus dem Gleichgewicht bringen. Häufig stürzen beide zugleich ins Wasser. Viele Stecherpaare müssen mehrmals zum Stechen ansetzen, bevor der Kampf entschieden ist. Der Besiegte hat oft den grösseren Applaus als der Sieger – besonders dann, wenn er kopfüber nach hinten ins Wasser «hechtet». Manchmal springt der Sieger aus purer Begeisterung auch noch in den Fluss, um dem «Gefallenen» seine Sympathie zu bekunden.

Die Kostüme entsprechen in den meisten Städten denen der Fischer- oder Schifferzunft. In Ulm treten neben den Weissfischern Gestalten aus Geschichte und Sage gegeneinander an: Wallenstein und Gustav Adolf, Tell und Gessler, die Schalksnarren, Bauer und Bäuerin, Ulmer Spatz und Ulmer Schneider usw.

In Estavayer-le-Lac scheint es vor alters besonders bunt

zugegangen zu sein. Unter Trommelgedröhn und Pfeifenklang trafen die Boote auf dem Kampfplatz ein. Auf ein Zeichen begannen sich alle Boote gegenseitig zu jagen. Wer zuletzt oben blieb, war Sieger... Er wurde im Triumph durch die Stadt geführt. Gerüchteweise verlautet, das Spiel sei 1731 von der Obrigkeit verboten worden, weil Betrunkenheit der Stecher zu Schlägereien geführt habe.

Die Rolle der Frauen ist seit den Ritterkämpfen die gleiche geblieben: «Frau und Tochter», schreibt ein getreuer Chronist, «sind unentbehrliche Zuschauerinnen, in ihrem Dienst und ihnen zu Ehren werden die Schaukämpfe geführt. Mit sachkundiger Teilnahme verfolgen sie den Verlauf des Turniers und teilen huldvoll die ‹Dänke›, die Preise, an die Sieger aus.» Zur Zeit des Minnesanges wurde das Turnier erfunden. Zur Zeit des Meistersangs ist es von bürgerlichen Gilden und Zünften weitergepflegt worden. Immer wurden die Spiele von Frauen huldvoll begleitet. Möge ihre Huld auch uns Heutigen erhalten bleiben!

Kanonenschuss, Fanfarenstoss! Es kann losgehen. Hell schmettert das Spiel. Mit eingelegter Lanze fahren die ersten beiden Stecher aufeinander zu. Wer wirft wen? Die Spannung rund um das Geviert ist gross. Applaus brandet auf. Er gilt dem Gewinner und dem Verlierer. Nach einer guten Stunde ist alles vorbei. Jetzt kommt die Becherverteilung, und dann versammeln sich Stecher und Zünfter auf der Schiffleuten-Stube zum wohlverdienten Fischmahl. Die Schlacht ist geschlagen. Manch einer hatte Glück, manch einer Pech. Er hofft aufs nächste Mal...

Seit 1979 hat das kleine Fest schon dreimal stattgefunden. Jede Zunft stellte einen Kämpfer. Das Publikum nahm regen Anteil. Dicht gedrängt stand man am Limmatquai, an der Wühre und auf der Rathausbrücke. Sieger waren Hans Rudolf Zulauf, Zunft zur Schneidern (1979, 1982), und Alfred Seiterle, Stadtzunft (1985).

Die Zunftstuben der Schiffleute

Niedergang und Wiederaufstieg der Zürcher Zünfte seit 1798 lässt sich am Schicksal der Schiffleute recht gut darstellen. Wie erwähnt, waren die Schiffleute nach dem Zusammenbruch der Alten Eidgenossenschaft gezwungen, ihr an der unteren Kirchgasse gelegenes Zunfthaus zu verkaufen. Die spärlichen Akten lassen für die folgenden Jahre keine verlässliche Angabe darüber zu, wo sich die Schiffleute zu versammeln pflegten. Sicher ist, dass man bis zur neuen Sesshaftigkeit im Jahre 1839 an über 20 verschiedenen Orten zu Hause war.[16]

Nach den Akten fand man erstmals 1839 wieder festen Boden unter den Füssen. Das war im Haus zum «Raben», einem uralten Gasthof. Der «Raben» an der traditionellen Schifflände Zürichs war der gegebene Ort für die Schiff-

---

[16] Vgl. zu diesem Kapitel die Schrift «125 Jahre Zunftstuben der Schiffleuten», hrsg. von Richard Sprüngli, Zürich 1964.

leute. Hier hatten während Jahrhunderten die nach Einsiedeln strebenden Pilger ihr Schiff bestiegen. 1840 taufte der Eigentümer des Hauses, der Schiffleutezünfter Caspar Guyer, den Gasthof in das modernere «Bellevue» um. Jedoch, als nach beinahe 20 Jahren Guyer sein altmodisches Hotel Bellevue in einen neuen Prachtsbau verlegte, der dem später errichteten Brückenkopf und Platz bei der 1884 erstellten Quaibrücke den Namen geben sollte, da mochten die Schiffleute dem bisherigen Gastgeber nicht in das moderne Gebäude folgen.

Damit hob eine neue Ära der unruhigen Wanderschaft an. 1858 bis 1859 fand man Unterschlupf im «Hotel du Soleil» an der Kappelergasse, wo heute die Fraumünsterpost steht. 1860 bis 1862 hauste man im neu erstellten «Schweizerhof» am Limmatquai 72. Die folgenden zehn Jahre verbrachte man recht nahe beim einstigen Zunfthaus, nämlich im Hotel «Zürcherhof», auch wieder an der Schifflände gelegen. Hier erlebte man 1866 den endgültigen Verlust der letzten politischen Rechte der Zünfte, den Sturz des «Systems» von Alfred Escher (1869) sowie die unruhigen Tage der «Tonhallekrawalle» von 1871 und verweilte dort bis 1873. Darauf folgten 15 Jahre im Foyer des Actientheaters an der Unteren Zäune 4. Hier kam es zu einem plötzlichen Abschied, denn 1889 brannte das in der einstigen Barfüsserkirche eingerichtete Theater ab, und die Schiffleute fanden eine neue Heimat in der alten Tonhalle auf dem Sechseläutenplatz. Doch schon 1896 wurde dieses einstige Kornlagerhaus abgebrochen: Für drei Jahre fanden die Schiffleute im Hotel «Storchen» am Weinplatz eine weitere vorübergehende Heimat. Nur zwei Jahre (1898–1899) nahm man mit dem Restaurant Pfauen am Heimplatz vorlieb. Das war für eine Zunft tatsächlich ein ungewöhnlicher Standort; denn der «Pfauen» befand sich ausserhalb der historischen Stadt, auf dem Gebiet des erst 1893 eingemeindeten Hottingen. So war es begreiflich, dass man so bald als möglich in die Altstadt zurückkehrte und froh war, im Hotel zur Henne eine einigermassen standesgemässe Unterkunft zu finden. Die folgenden zehn Jahre, 1907–1917, verbrachte man erneut im Hotel «Schweizerhof» am Limmatquai. Doch als das Hotel 1918 geschlossen wurde, war man wieder heimatlos und zog ins Hotel Dupont am Bahnhofquai 7 um. Drei Jahre lang (von 1928 bis 1930) pflegten sich die Schiffleute sodann im Hotel City an der Sihlstrasse zu versammeln. Erlaubt sei der Hinweis, dass nach den vielen deutschsprachigen und französischen Hotelnamen erstmals ein englischer Name auftaucht – ein kulturgeschichtlich interessanter Hinweis auf den seit dem Ersten Weltkrieg wachsenden angelsächsischen Einfluss. 1931 bis 1938 hauste man beim damals stadtbekannten Wirt des Bahnhofbuffets, bei Primus Bon. Hier fühlte man sich bestens zu Hause, beklagte aber die wenig günstigen Treppenhausverhältnisse; und wenn man es genau nahm, so war der Bahnhof ja eigentlich nicht die richtige Heimat für die Fischer und Schiffleute. So war man begreiflicherweise glücklich, als man 1939 in ein Haus an der Limmat einziehen konnte, das man früher schon einmal bewohnt hatte, den Storchen.

Das renommierte Hotel Storchen umfasste die uralten Liegenschaften des «Storchen», des «Roten Turmes» und des Hauses zum «Licht». Auf der Limmatseite erinnert eine Gedenktafel daran, dass im Jahre 1535 Theophrastus Bombastus Paracelsus von Hohenheim, der Mystiker, Naturphilosph und Arzt, hier gewohnt hat. «Hättest Du ihn gesehen», schreibt Heinrich Bullinger (der Nachfolger Zwinglis) an Thomas Erastus, einen Basler Humanisten, «so hättest Du ihn nicht für einen Arzt, sondern für einen Fuhrmann gehalten. Auch fand er an der Gesellschaft von Fuhrleuten absonderliches Vergnügen. Daher passte er, während er hier im Storchen logierte, auf die ankommenden Fuhrleute auf; und mit diesen frass und soff der schmutzige Mann, dass er manchmal, vom Weine betäubt, sich in den nächsten Nachen legte und seinen garstigen Rausch ausschlief.» Die Erfolge des Paracelsus in Basel hatten ihn bei den Zürcher Ärzten verhasst gemacht. Trost suchte er beim einfachen Volk im Storchen.

Im heutigen Storchen sind neben der Zunftstube ein Limmatsaal, ein Café Littéraire und ein Schiffleuten-Stübli eingerichtet. In diesem ist ein Teil des Silberschatzes der

Zunft ausgestellt. An den Wänden hängen Porträts einiger früher Zunftmeister, und in die Fenster sind die Wappen der Zunftmeister eingelassen.[17] Die sechs Panneaux und der schöne Kachelofen, die im Werdmüller-Stübli zu sehen sind, wo die Vorsteherschaft ihre Sitzungen abhält, befanden sich bis 1911 im Werdmüller-Haus an der Stadelhoferstrasse.

Das Café littéraire soll mit seinem Namen an die Café- und Lesestube erinnern, die um 1800 Johann Christoph Zimmermann, französischer Pfarrer in Zürich, im «Roten Turm» eingerichtet hatte. Nach Pariser Sitte liess er hier Zeitungen auflegen. Die Einrichtung fand Gefallen, und 1839 taucht im Plan des Adress- und Ragionenbuches zum erstenmal die Bezeichnung Café littéraire auf. Das Café wurde zur Regenerationszeit ein Hort des Freisinns. Paul Usteri, Ludwig Meyer von Knonau, Hans Conrad Escher von der Linth, David Ulrich und Melchior Hirzel bereiteten hier die Machtübernahme vor. Die Radikalen errangen 1830 zusammen mit den Seegemeinden den Sieg, und Zürich erhielt am 20. März 1831 zum erstenmal eine vom Volk genehmigte liberale Verfassung. Die neue Regierung wurde jedoch schon 1839 gestürzt: Die Berufung von David Friedrich Strauss, der kurz zuvor «Das Leben Jesu,

---

[17] Vgl. zum folgenden: Hotel zum Storchen, Zürich, neuerbaut 1939. Bearb. von Adolf Ribi, Zürich 1939, S. 109–147. – Adrian Corrodi-Sulzer, Das alte Gasthaus zum Storchen in Zürich. In: Zürcher Taschenbuch 1940, Zürich 1939.

kritisch bearbeitet» herausgegeben hatte, an die Universität stiess auf den Unwillen der konservativen Landbevölkerung und führte zum sogenannten Züriputsch. Die Radikalen trafen sich aber weiterhin im Café littéraire und bereiteten hier die Machtübernahme von 1845 vor.

Zur Blütezeit des Liberalismus war das Café ein Mittelpunkt der Partei. Der Advokat Friedrich Locher hat in seinen «Republikanischen Wandelbildern und Portraits»[18] folgendes berichtet:

«Auf der anderen Seite der unteren Brücke ... befand sich, im Hause zum roten Turm, das Café-littéraire, so genannt, weil sich einige Zeitungen hier vorfanden. Dies war Versammlungsort der wieder aufstrebenden radikalen Partei, und erfreute sich ungewöhnlicher Frequenz. Ausser den Rudera der gestürzten Liberalen, wie Staatsanwalt Ulrich, den gewesenen Regierungsräten Zehnder und Weiss, den Oberrichtern Ammann und Gessner, den Obersten Orelli, Brunner und anderen, fand man hier deren Sekretäre, Vertrauensmänner und Kandidaten, namentlich die sich allmählich bildende, sogenannte ‹Escher- oder Systempartei›, welche offiziell die radikale Richtung vertrat. Die Mehrzahl der obersten Landesbehörde, des 200 Köpfe zählenden Kantonsrats, hatte hier Einkehr für Frühstück, Mittagessen, Kaffee, Abendbrot, Nachtquartier, alles in Begleit zahlloser Schoppen ... Am grossen Kompetenztisch, neben dem Buffet, schlürfte der Amts-

---

[18] Zürich und Leipzig 1902, S. 255–259.

bürgermeister (Doctor Zehnder) mit Behagen seinen Kaffee, und rauchte seine Havanna ... Neben ihm liberale Kollegen und Kantonsräte, die ihn kurtisierten. Der Regierungszeitungsschreiber, Redaktor der ‹Neuen Zürcher Zeitung›, sass neben ihm und machte sich kurze Notizen, denn Leitartikel verfertigt jeder Staatsmann selbst, nach eigener Politik. Am nächsten Tisch schwadronierten die Kriegsobersten, der Landjägerhauptmann, der Vorgesetzte des Polizeikorps. Folgten sodann radikale Kantonsräte, Statthalter, Seidenfabrikanten, Baumwollspinner, alles verlässliche Persönlichkeiten. Mit Befriedigung konnte der Amtsbürgermeister, wie der Tyrann von Samos, sprechen: ‹Dies alles ist mir unterthänig, gestehe, dass ich glücklich bin!› — Ganz im Hintergrunde, in einem dunklen, geräumigen Winkel, befand sich der sogenannte ‹Sumpf›, der aus lauter jungen Leuten, Kandidaten, Studenten, Juristen, Medizinern bestand, unter denen geräuschvoller, freier Ton herrschte. Auch Konservative gab es darunter, wie Staatsanwalt Hotz, Stadtschreiber Spyri, Verhörrichter Dubs u. a. Hier galt keine offizielle Schablone, jeder politisierte nach seinem Schnabel, und oft hörte man über Verhältnisse und Persönlichkeiten Urteile, die mit denjenigen des Kompetenztisches und der Presse in keiner Weise übereinstimmten. Man gab sich den Anschein, diesen ‹Sumpf› zu ignorieren, doch blieb mancher Kantonsrat in dessen nächster Nähe stehen, um die Zigarre anzuzünden, war es doch schon vorgekommen, dass ein Frosch aus diesem Tümpel, in der Diagonale bis an den Kompetenztisch gehüpft war, in welchem Falle man ihn in den Niede-

rungen nicht wieder erblickte ... Unmittelbarkeit der Volkspolitik hat für junge Leute Anziehungskraft, und auch ich befand mich unter den zahlreichen Gästen des Café-littéraire. Gemeinschaft und Vertraulichkeit der Demokratie war aber nur scheinbar. Im 2. und 3. Stock befanden sich die wirklichen Dirigenten. Nach aufgehobener Tafel begab man sich dort in die Nebenzimmer, zu politischen Besprechungen. Hie und da wurden einflussreiche Kantonsräte aus dem untern Saale durch Kellner in den Olymp hinauf citiert, und ihnen von gefassten Beschlüssen Kenntnis gegeben, worauf sie wieder in den unteren Saal hinunterstiegen, um das mot-d'ordre zu verbreiten. Es fehlte nicht an Strebern, die lauerten, horchten, forschten, sich sprungfertig nach dem obern Stock verhielten, um irgend etwas zu erhaschen ... Auch Notabilitäten anderer Kantone traf man hier, wie Dr. Kern von Thurgau, der mit allen Politikern intime Freundschaft schloss, und nicht ganz fruchtlos, denn bald wurde er zum Präsidenten des eidgenössischen Politechnikums und zum bevollmächtigten Minister in Paris ernannt.»

Das war die Luft, die dem jungen Gottfried Keller behagte. Man darf annehmen, dass er im Kreis um den «Schweizerischen Republikaner» einige Wortführer der Liberalen traf. Jedenfalls hat er am 24. Juni 1845 ein Gedicht über Robert Steigers Befreiung aus dem Luzerner Kesselturm publiziert – es war ja die Zeit der Freischarenzüge und des Sonderbundkriegs. Möglicherweise hat sich eine Szene, die Keller unter dem 15. September 1847 im Tagebuch berichtet, in der Storchengasse abgespielt: «Ich hatte (Weber, den Kupferstecher) einmal in einer Kneipe, als wir in später Nacht ziemlich warm waren, verhöhnt, dass er immer sauren Wein söffe, was ihn fürchterlich aufbrachte, so dass wir uns ziemlich laut zankten beim Nachhausegehen und er mir endlich einen Stoss gab, dass ich auf den Hintern purzelte, worauf ich wütend auf und ihm an den Kragen sprang...» Jedenfalls hat der Kupferstecher Johannes Ruff, ein anderer Freund, die Szene in einem Aquarell festgehalten; über der Front der Gaststätte, die den Hintergrund bildet, liest man «Café littéraire», aber das ist möglicherweise später von anderer Hand hinzugefügt worden.

Am 31. Mai 1849 war Richard Wagner, steckbrieflich verfolgt, mit falschem Pass in Zürich angekommen. Er verkehrte hier bald im Kreis der deutschen Emigranten, im Hause der Wesendonck, bei den Willes in Feldmeilen, auch mit Gottfried Keller, Semper und Vischer. In seiner Autobiographie zeichnet er ein wenig schmeichelhaftes Bild des «von aller öffentlichen Kunst gänzlich entblössten Zürich». Im besonderen vermerkt der Meister: «In dem Café littéraire, wo ich täglich ... unter einem Domino und Jass spielenden und qualmenden Männerjux meinen Kaffee zu nehmen pflegte, betrachtete ich träumerisch die ordinären Wandtapeten, welche antike Gegenden darstellten, und mir in wunderlicher Weise den in früher Jugend von einem Genelli'schen Aquarell, die Erziehung des Dionysos durch die Musen darstellend, im Hause meines Schwagers Brockhaus empfangenen Eindruck zurückriefen. Ich concipierte da die Ideen zu meinem ‹Kunstwerk der Zukunft›, und wunderbar bedeutungsvoll war es mir, dass ich aus einer solchen Träumerei einmal durch die Anzeige des Aufenthaltes der Schröder-Devrient in Zürich geweckt wurde.»

Im übrigen war der «Rote Turm» von 1850–1879 Zunftlokal der Weggenzunft. Der «Storchen» seinerseits beherbergte von 1894–1897 die Schiffleute. Sie sind glücklich, seit 1939 ihre Stube wieder am Wasser zu haben.

Der Wellenberg

Ausführliche Bildlegenden

Verfasst von alt Stadtarchivar Dr. Paul Guyer, Zunft zur Schiffleuten

Buchdeckel
Medaillon der Zunftmeisterkette. Auf der Rückseite eingraviert der Text: Dem Zunftmeister zur Schiffleuten von Richard Sprüngli, 19. April 1971.
Foto Thomas Hebting, 1987

Frontispiz
Der Grendel. Das Zürcher Wassertor zum See, erbaut zwischen 1454 und 1460. Tafelaufsatz, gestiftet von Ehrenzunftmeister David Robert Sprüngli 1916 zu seinem 40jährigen Zünfterjubiläum. Der Aufsatz wurde von Goldschmied Hans Bruppacher geschaffen.
Foto Thomas Hebting, 1987

33 *Das Bilgerischiff.* Die Wallfahrt nach Einsiedeln brachte in früheren Jahrhunderten – auch nach der Reformation – den Zürcher Schiffleuten einen guten Verdienst. Die Pilger aus Schwaben und dem Elsass benützten zwischen Zürich und Richterswil meist den Wasserweg. Die Nacht vor der Fahrt verbrachten sie in Zürcher Gasthäusern, u.a. auch im «Bilgerischiff» (Schifflände 12), von welchem unser Bild stammt. Das «sehr alte» Wandgemälde scheint noch im 18. Jahrhundert erneuert worden zu sein. Das heutige Haus wurde 1812 erstellt.
Aus Johannes Müllers «Alterthümmeren», 1773–83, I 23
Foto Baugeschichtliches Archiv

35 *Kriegsschiff Neptun.* Schon im Alten Zürichkrieg setzte Zürich Kriegsschiffe ein, die von unserer Zunft ausgerüstet wurden. Zürich erstellte 1656 zwei «moderne» Kriegsschiffe, von welchen das Neujahrsblatt von 1694 den im Vorjahre aufgefrischten «Neptun» zeigt. Er wurde bereits 1778 durch einen neuen «Neptun» ersetzt. Der alte Neptun kam nie zu einem kriegerischen Einsatz. Man verwendete ihn zu militärischen Übungen, vor allem aber zu «Lustfahrten», denn der Rat liebte es, fremden Gästen das Schiff und die schöne Seelandschaft zu zeigen. – Vgl. Jürg Meister, Kriege auf Schweizer Seen, Zug 1986, vor allem S. 181–205.
Foto Baugeschichtliches Archiv

38 *Der Lachsfang in der Limmat.* In der «guten alten Zeit», als noch keine Hindernisse in der Limmat den Fischzug hemmten und das Wasser noch

natürlich rein war, konnten selbst in Zürich Lachse gefangen werden. Der Fang erfolgte in der Nacht. Das mitgeführte helle Licht schreckte die Fische auf, die dann mit Harpunen gestochen wurden. An der Stelle des Bollwerks befinden sich heute die Kaspar-Escher-Häuser.
Aquarell von Hch. Maurer, um 1820
Foto Zentralbibliothek

41 *Hirsebreifahrt 1986.* Auf der friedlichen Limmat, 14. August 1986.

42 *Hirsebreifahrt 1986.* Eines der Langschiffe im Kampf mit den Aarewellen, Donnerstag, 14. August 1986.

44 *Die Hirsebreifahrt von 1576.* Um 1792 publizierte Rudolf Maurer über diese Fahrt ein Büchlein, das er mit Stichen von J. H. Meyer illustrierte. – Unser Bild zeigt die Ankunft der Zürcher in Strassburg.
Foto Baugeschichtliches Archiv

48 *Das Glückhafft Schiff.* Der «Glücklichen und wolfertigen Schiffahrt» der Zürcher zum Strassburger Schützenfest von 1576 widmete der Strassburger Dichter Johannes Fischart einen «Lobspruch».
Foto Giorgio Hoch, 1987

50 *Die Badenfahrt.* Im Alten Zürich gehörte es zum guten Ton, alljährlich eine Badenfahrt zu unternehmen. Man tat dies weniger wegen der heilbringenden Schwefelbäder, als um in munterer Gesellschaft freudige und heitere Tage zu verbringen. Da das Spanischbrötlibähnli erst 1847 erbaut wurde, benützte man seit jeher den Wasserweg. In langen Weidlingen fanden zahlreiche Reisende vom einfachen Volk bis zur vornehmen Dame Platz. Die Männer zogen meist den Landweg auf Pferderücken vor. – Auf unserem Bild wird das Schiff beim Gerwe-Zunfthaus am Limmatquai bestiegen.
Aquarell von Heinrich Freudweiler um 1785 (in Privatbesitz)
Foto Zentralbibliothek

53 *Der Seilergraben.* Die Seiler betrieben ihr Gewerbe nicht in engen Buden, sondern in langen Bahnen wie hier – rechts – am Seilergraben. (Die Seilerbahn der Familie Denzler auf der Hohen Promenade hat sich bis heute erhalten.) Neben dem Seilergraben tummeln sich im alten Stadtgraben die obrigkeitlichen Hirsche.
Zeichnung J. C. Uehlinger 1759
Foto Zentralbibliothek

69 *Bürgermeister David Holzhalb (1652–1719).* Holzhalb war der erste Bürgermeister aus unserer Zunft. 1692 wurde er Stadtschreiber, 1699 Landvogt auf Kiburg – die auf seinem Porträt abgebildet ist. Nach seiner Rückkehr wurde er 1706 Zunftmeister und schliesslich 1710 Bürgermeister. Gemälde von Johann Rudolf Füssli
Foto Zentralbibliothek

71 *Scheibe der Niederwasserschiffleute 1581.* 1581 stifteten sechs Schiffleute (4 Waser und je 1 Ustery und Wyss) diese Scheibe in das damals neu erbaute «Bauhaus», das gegenüber der Bauschanze stand und im 19. Jahrhundert der Stadtverwaltung diente. Links sehen wir das 1566 erbaute hölzerne Helmhaus mit dem Obern Steg, der zum Fraumünster führte, an der Wühre Wohn- und Badhäuser mit dem «Einsiedlerhof», der um 1750 der neuen «Meise» weichen musste.
Foto des Landesmuseums, wo sich die Scheibe befindet

73 *Bürgermeister Heinrich Ott (1719–1796).* Der aus einer Industriellenfamilie stammende Ott widmete sich von jung an dem Staatsdienst. Um 1770 wurde er vom Rat beauftragt, am Wiener Hof wegen Ramsen Verhandlungen zu führen. Wegen der charaktervollen Haltung, die er dabei bewies, stieg das Ansehen von Zunftmeister Ott. Er wurde 1771 Statthalter und 1780 Bürgermeister.
Gemälde von J. H. W. Tischbein
Foto Zentralbibliothek

86 *Das alte Zunfthaus an der Schifflände, um 1700.* Zum viergeschossigen Zunfthaus gehörte der zweistöckige hölzerne Anbau, der über die Strasse an das Haus zur «Sonne» – heute Buchhandlung Elsässer – reichte. Dieser Anbau war ein Verkehrshindernis, denn immer wieder blieben hochbeladene Fuhrwerke stecken, was der Zunft verständlicherweise herbe Flüche eintrug. Doch wurde dieser Übelstand erst 1771 behoben, als die Zunft einen neuen, höher gelegenen Anbau erstellte.
Zeichnung von Gerold Escher in der Kantonsbibliothek Aarau
Foto Baugeschichtliches Archiv

86 *Das ehemalige Zunfthaus, um 1820.* 1798 verkaufte die Schiffleuten ihr Zunfthaus, das sie seit 1425 besessen hatte. Mit dem neuen Anbau von 1771 wurde auch die Fassade des Zunfthauses an der Kirchgasse verändert, denn beide Bauten wiesen seither die gleichen Stichbogenfenster auf.
Stich von J. M. Esslinger
Foto Zentralbibliothek

87 *Die Zunftstube um 1713.* Die grosse Zunftstube wurde 1498 im unteren Geschoss des Anbaus errichtet. Doch unser Bild zeigt nicht mehr den ursprünglichen gotischen Raum, sondern einen barocken Innenausbau mit einem mächtigen Turmofen. – Die um den Tisch vereinigte Gesellschaft ist nicht eine Zunftversammlung, sondern es sind die Vertreter aller Zünfte, die 1713 über eine neue Stadtverfassung diskurrierten.
Originalzeichnung in der Zentralbibliothek (Msk. G. 23)
Foto Zentralbibliothek

93 *Zunftscheibe von 1605.* 1605 schenkten die 12 Handwerkerzünfte in den Gasthof zur Linde an der Stüssihofstatt einen Zyklus der «Monatsbilder» von Josias Murer. Mehrere dieser Glasgemälde gelangten später ins Schloss Heiligenberg, von wo sie 1953 für das Landesmuseum zurückerworben wurden. – Gemäss dem Rang in der Zünftefolge zeigte die Scheibe der Schiffleuten den Weinmonat (Oktober). Bemerkenswert ist, dass von den 16 Zunftvorgesetzten acht ursprünglich Schiffleute oder Fischer gewesen waren.
Foto Landesmuseum

95 *Zunftscheibe von 1698.* Sie gehört zu einem Zyklus, den die Constaffel und Zünfte den Bogenschützen in ihr neues Haus am Lindenhof schenkten. (Die Scheiben gehören heute noch dieser Gesellschaft und sind im Landesmuseum deponiert.) Von den 16 Zunftvorgesetzten, deren Wappen das Glasgemälde zieren, stellte die Familie Wolff alle drei Kleinräte und einen Zwölfer. Auch das Wappen von David Holzhalb, des spätern Bürgermeisters, ist oben, da er als Stadtschreiber den Rang eines Kleinrates einnahm. Von den 16 Männern übte nur noch einer ein Zunfthandwerk aus, nämlich Schiffmeister Thumysen.
Foto Landesmuseum

101 *Zürcher Seiler der Reformationszeit.* 1524 siedelte der Beromünster-Chorherr Rudolf Ambühl – latinisiert Collinus – ins reformierte Zürich über. Da er hier als Gelehrter zunächst kein Amt fand, entschloss er sich, das Seilerhandwerk zu erlernen und auszuüben. 1531 wurde er Professor am Carolinum. Sein berühmtester Lehrbube war der in Grächen geborene Thomas Platter, der dann in Basel den Seilerberuf ausübte, bis er schliesslich Rektor der Lateinschule wurde. Unser Bildchen – gestochen vom Schiffleutenzünfter J. R. Holzhalb – zeigt den «Werkstudenten» Platter, der während der Arbeit antike Klassiker las.
Neujahrsblatt der Chorherren 1790

103 *Johann Jakob Hottinger* (1783–1860). Historiker, seit 1833 Professor für Schweizer Geschichte an der neugegründeten Universität. Der liberal gesinnte Gelehrte genoss dank seines ausgeglichenen, versöhnlichen Wesens hohes Ansehen. 1844 wurde er erster Grossmeister der Schweizerischen Freimaurer-Grossloge Alpina.
Lith. von H. C. Bolleter nach C. Hitz
Foto Zentralbibliothek

105 *Stadtarzt Johann Caspar Hirzel* (1725–1803). Hirzel, seit 1761 Stadtarzt, wurde 1763 Zwölfer unserer Zunft. Er galt als ein hervorragender Mediziner. Auch betätigte er sich literarisch; sein bekanntestes Werk war sein Buch über Klijogg, den «philosophischen Bauern». Hirzel wurde 1762 Präsident der damals gegründeten Helvetischen Gesellschaft und 1790 der Naturforschenden Gesellschaft. – 1750 unternahm er mit Klopstock und einigen Freunden die Fahrt auf dem Zürichsee, die den Dichter zu seiner Ode auf den See veranlasste.
Gemälde von F. Oelenhainz
Foto Zentralbibliothek

107 *Johann Caspar Hirzel, Sohn* (1751–1817). Arzt wie sein Vater, wurde er 1794 Unter-Stadtarzt und 1803 Nachfolger seines Vaters mit dem Titel «Kantonsarzt». Er erwarb sich hohes Ansehen durch sein gemeinnütziges Wirken. Im Kriegsjahr 1799 gründete er die heute noch bestehende «Hülfsgesellschaft», die später mehrere gemeinnützige Institute gründete, wie z. B. die Blindenanstalt.
Kupferstich von H. Lips
Foto Zentralbibliothek

123 *Der Nereidenbecher.* Geschenk von Johann Caspar Weiss (1773–1836), der von 1820 bis zu seinem Tod Schiffleuten-Zunftmeister war. Der Becher ist ein Werk des Berner Goldschmieds Georg Adam Rehfues nach einer Zeichnung von Joh. Martin Usteri.
Originalzeichnung im Kunsthaus Zürich

125 *Hans Conrad Ott* (1775–1856). Bezirksrat Ott in der «Krone» – heute «Rechberg» – war nach Schulthess ein «richtiger Grandseigneur». Das Amt des Zunftmeisters bekleidete er von 1837–1851.
Lith. C. F. Irminger nach C. Hitz
Foto Zentralbibliothek

127 *Eduard Ziegler* (1800–1882). Dem Staate diente Ziegler als Stadtpräsident, Regierungs- und Nationalrat. Seine Popularität verdankte Oberst

Ziegler seinem militärischen Wirken im Straussenputsch und vor allem im Sonderbundskrieg, wo er als Kommandant der 4. Division mit dem Sieg bei Gislikon entscheidend zum unblutigen Abschluss des Krieges beitrug.
Lith. H. C. Bolleter
Foto Zentralbibliothek

135 *Sechseläuten 1854.* Am Sechseläuten 1854 marschierten die Schiffleute hinter den Metzgern, die eine riesenlange Wurst mit sich trugen, die allgemein Bewunderung erregte. Doch auch der Fisch der Schiffleute wies eine bemerkenswerte Grösse auf: er war mehr als zwei Meter lang. – Der Umzug bewegt sich hier auf dem alten Stadthausplatz, der links vom Kratzturm, rechts vom ehemaligen Kornhaus begrenzt wird.
Bild aus der «Illustrierten Zeitung» (Leipzig 29.4.1854)
Foto Zentralbibliothek

138 *Sechseläuten 1902.* Unter dem Titel «Vom hoh'n Olymp herab» widmeten 1902 die Zünfte in dreizehn Gruppen den Umzug den römischen Göttern. Folgerichtig übernahmen die Schiffleute den Gott des Wassers, «Neptun», dem nicht nur Schiffleute und Fischer, sondern auch Pfahlbauer, Entdecker und Nordpolfahrer huldigten.
Sechseläuten-Album 1902

139 *Sechseläuten 1906.* 1906 wollten die Zünfte das «Zürich im letzten Jahrhundert» aufleben lassen. Die Schiffleute zeigten die «Minerva», das erste Dampfschiff auf dem Zürichsee, das am 19. Juli 1835 mit einer glanzvollen Fahrt nach Rapperswil die motorisierte Schiffahrt auf unserem See aufnahm.
Sechseläuten-Album 1906

140 *Sechseläuten 1914.* Aus Anlass der Einweihung des neuen Universitätsgebäudes beschlossen die Zünfte, am Sechseläuten «Bilder aus der Geschichte des wissenschaftlichen Lebens vom Altertum bis zur Gegenwart» zu zeigen. Dieses Thema wurde offenbar nicht allzu eng aufgefasst, denn die Schiffleute zeigten die «Lustfahrt» der jungen Zürcher mit dem «Sänger des Messias», dem deutschen Dichter Klopstock, der als Gast von J.J. Bodmer in dessen Haus zum «Oberen Schönenberg» weilte.

150 *Prof. Dr. Ernst Waser* (1887–1941). Professor für Organische und Lebensmittelchemie, Kantonschemiker. Rektor der Universität Zürich. Zunftmeister von 1919–1931.

152 *Forellen-Becher.* Geschenk der Schiffleutenzünfter an die Familie Sprüngli aus Anlass ihrer 100jährigen Zunftzugehörigkeit 1939. – Entwurf und Ausführung von Goldschmied Ernst Baltensberger.
Foto Thomas Hebting, 1987

153 *Hermann Sprüngli-Blumer* (1891–1956). Zuckerbeck. Zunftmeister von 1931–1956.

156 *Dr. Paul Gysin* (1887–1966). Sekretär der Kantonalen Steuerrekurskommission. Zunftmeister 1956–1958.

157 *Richard Sprüngli* (geb. 1916). Zuckerbeck. Platzkommandant von Zürich. Zunftmeister von 1958–1971.

160 *Dr. Rudolf Farner* (1916–1983). Reklameberater, Oberst i. Gst., Kommandant Geb Inf Rgt 37. Zunftmeister von 1971–1983.

162 *Jubiläumsumzug 1986.* General Hans Rudolf Werdmüller (Gusti Engeler) und Oberst Eduard Ziegler (Olivier Burger) melden sich nach dem Ritt um das Feuer bei Zunftmeister Hans Wysling zurück.

163 *Hirsebreifahrt 1986.* Triumphale Einfahrt der Zürcher Schiffe in Strassburg, Samstag, 16. August 1986.

169 *Das Schifferstechen 1576.* Der Murersche Stadtprospekt von 1576 zeigt ein belebtes Zürich. In der Limmat auf der Höhe der Wettingerhäuser ist ein Schifferstechen zu sehen. Dieses sportliche Kampfspiel, das vor wenigen Jahren von der Schiffleutenzunft wieder aufgenommen wurde, darf sich somit mit Recht auf eine altzürcherische Tradition berufen.

185 *Der Wellenberg.* Dieser Turm stand als Teil der mittelalterlichen Stadtbefestigung mitten in der Limmat, etwas oberhalb der Wasserkirche. Er war im 13. Jahrhundert vermutlich im Besitz der Ritterfamilie Wello, diente aber zugleich, bis zur Erbauung des Grendels im 15. Jahrhundert, als Sperre gegen den See. Seit 1304 wurde der Turm bis zu seinem Abbruch vor 150 Jahren als Gefängnis benutzt.
Tafelaufsatz, gestiftet 1987 von Prof. Dr. Peter G. Waser, dem langjährigen Statthalter der Schiffleute. Geschaffen von Silberschmied Rudolf Spitzbarth.
Werkfoto von Rudolf Spitzbarth